Labor Mülheim

jovis

Labor Mülheim

Künstlerisches Forschen in Feldern
zwischen Prekarität und Kreativität

Jürgen Krusche (Hg.)

URBANE KÜNSTE RUHR UND DIE STADTLABORE   6
Vorwort
Katja Aßmann

LABOR MÜLHEIM   8
Einleitung
Jürgen Krusche

1   DAS RUHRGEBIET

ÜBER DIE HERSTELLUNG VON URBANITÄT IM RUHRGEBIET   18
Jan Polívka

VON DAMPFENDEN SCHLOTEN ZU MAGISCHEN ERLEBNISLANDSCHAFTEN   35
Klaus Ronneberger

STADTSPIELE AM RINGLOKSCHUPPEN RUHR   48
Zwischen ästhetischer Fortentwicklung und
gesellschaftspolitischer Wirkung
Holger Bergmann

2   KÜNSTLERISCHE FORSCHUNG

PUBLIC ART ALS STADTFORSCHUNG   62
Christoph Schenker

KÜNSTLERISCHES FORSCHEN ZWISCHEN BETTELEXPERIMENTEN,   68
EWIGKEITSKOSTEN UND ERWEITERTEN OHREN
Die Projekte und ihr spezifischer Forschungsansatz
Jürgen Krusche

LEERE MITTE MÜLHEIM   77
Fotoessay
Jürgen Krusche

3 DIE PROJEKTE

CITY TELLING RUHR: STADT. SPRECHEN. MONTIEREN   94
Tobias Gerber

CREATIVITY TO GO. „BITTE UM KREATIVITÄT"   102
Ute Holfelder und Klaus Schönberger

BATTLE THE LANDSCAPE!   113
knowbotiq

TANZEN UND ARBEITEN IN DER ÖKONOMIE DES SPEKTAKELS   130
Über die Möglichkeit der Profanierung
Astrid Kusser

UNTERTAGE. MÜLHEIM AN DER RUHR   136
Notes
Jochen Becker

SONOZONES MÜLHEIM   142
Jan Schacher

EXTENDED EARS   147
Cathy van Eck

AUGMENTING URBAN SOUNDS   154
Kirsten Reese

LOSING MYSELF IN THE WORLD   161
Trond Lossius

KLANGKUNST ALS ÖFFENTLICHE KUNST   167
Salomé Voegelin

BIOGRAFIEN   180

Aus Gründen der Lesbarkeit und der sprachlichen Vereinfachung wurde in dem vorliegenden Buch bei Personen generell die männliche Substantivform verwendet. Es sind jedoch stets alle Geschlechter gemeint.

URBANE KÜNSTE RUHR UND DIE STADTLABORE
Vorwort

Katja Aßmann

Das Ruhrgebiet blickt bereits auf eine 30-jährige Transformationsgeschichte zurück: Sie nahm ihren Anfang mit den großen raumwirkenden Projekten der Internationalen Bauausstellung Emscher Park, die von einer vergehenden Industrielandschaft erzählten, und hatte mit der Etablierung der Kulturmetropole einen festlichen Höhepunkt im Jahr der Kulturhauptstadt RUHR.2010.
Urbane Künste Ruhr gründete sich im Nachgang der Europäischen Kulturhauptstadt, verbunden mit dem Auftrag, den Wandel des Ruhrgebietes aus Sicht der Kunst zu begleiten, zu kommentieren und im besten Sinne auch zu forcieren. Ein großes Anliegen von Urbane Künste Ruhr war und ist es, neue Formen der regionalen Zusammenarbeit zu finden; experimentelle Arbeitsweisen im interdisziplinären Dialog zu suchen; und Prozesse mit offenem Ausgang zu initiieren, um so der gerade entfachten kulturellen Kraft des Ruhrgebietes auch für die Zukunft einen gesunden Nährboden zu bereiten.
Ein erster Schritt in der Programmarbeit stellten die Stadtlabore dar, die Urbane Künste Ruhr mit Partnern aus der bildenden und darstellenden Kunst sowie der Urbanistik, Architektur und Wissenschaft ins Leben rief. Zu Beginn eines jeden Stadtlabors standen grundsätzliche Fragen zum Verhältnis von Kunst und Stadt: Fragen nach den Funktionen, die Kunst im Rahmen des Wandels der Region übernehmen kann oder auch nicht; nach den drängenden urbanen und politischen He-

rausforderungen vor Ort; nach der Definition von urbanen Systemen und der etwas anderen Art von Urbanität im Ruhrgebiet. Ein jedes Stadtlabor hat dann einen ganz eigenen Weg genommen, je nachdem wie Themen, Partner und Ereignisse aufeinander trafen.

In Essen beschäftigte sich die Niederländische Künstlergruppe Observatorium über drei Jahre lang mit der fehlenden Verbindung des Welterbes Zollverein mit den angrenzenden Stadtteilen Katernberg und Stoppenberg. Sie entdeckten dabei den *Grünen Schatten Zollvereins*, bauten *die Kleinzeche Bruchweiler* und publizierten einen *Reiseführer des Alltags*.

Das Berliner Kollektiv Kunstrepublik gründete das *Archipel Invest* und schuf künstlerische Sondernutzungszonen, in denen beispielsweise Künstler aus Indonesien ganz praktische touristische Entwicklungshilfe in Recklinghausen anboten. Ein interkultureller Frauenverein gründete mit künstlerischem Input in Castrop-Rauxel ein eigenes Modelabel. Und ein brasilianisches Künstlerduo entwickelte in Oer-Erkenschwick nach südamerikanischem Vorbild ein Naturreservat mitten in der Stadt.

Die darstellenden Künste gründeten im Laborverfahren über drei Jahre lang die *54. Stadt*, die dann in einer Theaterreise zwischen Mülheim an der Ruhr und Oberhausen das Jahr 2044 und den Untergang der visionären Ruhrmetropole vorwegnahm. Viel näher an einer realen Umbruchsituation bewegte sich das Detroit-Projekt in Bochum. Es wandte sich anlässlich der drohenden Schließung des Opelwerks an die lokale Stadtgesellschaft, stellte sie in den Mittelpunkt internationaler künstlerischer Projekte und rief dabei auf, gemeinsam der Frage nach der Zukunft von Arbeit, Kunst und Stadt nachzugehen.

In diesem Reigen von Stadtlaboren ist das Ruhrlabor der Zürcher Hochschule der Künste (ZHdK) als herausragend einzustufen. Es entstand aus einem wissenschaftlichen Forschungsinteresse der unabhängigen Kunsthochschule aus der Schweiz, die bereits mehr als ein Jahrzehnt im Feld der künstlerischen Forschung tätig ist. Wissenschaftler und Künstler arbeiteten bei diesem Labor in für Urbane Künste Ruhr ungewohnter Liaison. Sie beschäftigten sich mit einer mittelgroßen Stadt im Ruhrgebiet, die modellhaft alle Phänomene einer schrumpfenden, alternden und durch Migration geprägten Gesellschaft vereint. Die künstlerischen Forschungsprojekte des Ruhrlabors waren eine große Bereicherung für das Programm von Urbane Künste Ruhr und haben dazu beigetragen, der neuen Kunstorganisation Urbane Künste Ruhr ein adäquates Gesicht zu verleihen.

Ich möchte mich herzlich bei den Labor-Kuratoren Christoph Schenker und Jürgen Krusche bedanken sowie bei den Künstlern und Wissenschaftlern Tobias Gerber, Cathy van Eck, knowbotiq, dem Kreativitätskombinat Klein Riviera, Trond Lossius, der !Mediengruppe Bitnik, Kirsten Reese, Jan Schacher und Ingo Starz. Die Zusammenarbeit war eine große Bereicherung.

LABOR MÜLHEIM
Einleitung

Jürgen Krusche

EIN ERSTER GANG DURCH MÜLHEIM

Als es in der Anfangsphase des Projekts 2012 darum ging, wo im Ruhrgebiet die Zürcher Hochschule der Künste (ZHdK) aktiv werden könnte, wurden uns von Katja Aßmann, der Kuratorin und Leiterin der Kulturinstitution Urbane Künste Ruhr, verschiedene Vorschläge unterbreitet. Ein Ort erregte dabei unser besonderes Interesse: die *dezentrale* in Mülheim. Ein Ort, der bereits von dem in Mülheim ansässigen Ringlokschuppen bespielt wurde und – im Gegensatz zum Namen – sehr zentral in der Stadtmitte liegen sollte.

Wir fuhren also mit der S-Bahn nach Mülheim, um uns sowohl die „Stadt am Fluss", wie sie sich auf ihrer Website selbst nennt, als auch die *dezentrale* anzuschauen. Dort angekommen, weckte schon das Verlassen des Bahnhofs unsere Neugier. Statt auf den Bahnhofsvorplatz wurden wir direkt in das Einkaufszentrum geführt. Um ins Zentrum zu gelangen, muss man – ob man will oder nicht – das 1974 errichtete Forum City Mülheim durchqueren, das wichtigste innerstädtische Einkaufszentrum und wie es aussah auch Mülheims zentraler Begegnungsort. Wie auf einer italienischen Piazza saßen die Leute in den Cafés, an ihnen vorbei strömten die Pendler zum Zug, zur S-Bahn oder Straßenbahn. Es ist ein lebendiger Ort, und obwohl inmitten einer Shoppingmall gelegen – und damit auf privatem Grund und Boden – auch ein urban anmutender Ort.

Der Weg zur Stadtmitte und zur *dezentrale* führte dann aus dem Forum heraus direkt in die Fußgängerzone – in eine nicht erwartete Tristesse. Nach dem urban wirkenden Leben im Forum, vermittelten nun eine kaum bevölkerte Fußgängerzone und zahlreiche leer stehende Geschäfte eine eher deprimierende Stimmung. Die Schloßstraße – wie die Fußgängerzone ironischer Weise heißt – vom Forum Richtung Süden gehend, treffen wir direkt auf ein mitten in Mülheim stehendes Ungetüm: den leer stehenden Kaufhof. Seit 2010 sind die Türen des 1953 erbauten Kaufhofs geschlossen und die riesigen Verkaufsflächen bleiben ungenutzt. Graffitis an Wänden und Scheiben verschlimmern die Atmosphäre noch. Als Kontrast dazu prangt etwas trotzig und beharrend an der Straßenbahnhaltestelle vor dem Kaufhof das Schild „Stadtmitte". Wir sind also im Zentrum von Mülheim angekommen, einem Zentrum, das von Leere geprägt ist; beinahe wie bei Roland Barthes und seiner Beschreibung Tokios, das von einer leeren Mitte beherrscht und von dort aus auch regiert wird. Nur ist die Leere Mülheims nicht Ausdruck von Macht, sondern vom genauen Gegenteil, von Ohnmacht; Ohnmacht gegenüber einem nicht so recht in Schwung gekommenen – oder falsch geplanten? – Strukturwandel und einer ökonomischen Entwicklung, die Städte wie Mülheim oder Oberhausen stark in Mitleidenschaft gezogen haben. Wie wir später erfahren, ist die Stadtmitte Oberhausens (was dann unweigerlich auch Einfluss auf die Mitte Mülheims hatte) einfach ausgelagert worden in die sogenannte „Neue Mitte Oberhausen", die vor allem aus dem Shoppingcenter CentrO besteht. Es ist Ironie des Schicksals, dass das CentrO der Mitte Mülheims ebenfalls zum Verhängnis wurde und für den unübersehbaren Leerstand mitverantwortlich ist. Die Mülheimer scheinen der deprimierenden Atmosphäre rund um den leeren Kaufhof entfliehen zu wollen und haben das am nördlichen Ende der Fußgängerzone gelegene Forum zu ihrem Treffpunkt, zu ihrer „Neuen Mitte" erklärt. Unser Ziel dagegen, die *dezentrale*, liegt genau neben dem Kaufhof und war eines der vielen leer stehenden Geschäfte, ebenerdig, mit großen Schaufenstern, eigentlich in bester Lage, direkt am südlichen Eingang zur Stadtmitte gelegen – zentral und dezentral zugleich.

Nach diesem kurzen Spaziergang durch Mülheim war für uns klar, dass dieses Szenario in seiner Deutlichkeit einzigartig ist. Viele der Probleme, mit denen sich das Ruhrgebiet seit Jahrzehnten auseinandersetzen muss, verkörpern sich hier gewissermaßen sowohl in gebauten urbanen Strukturen und ihren Nutzungen beziehungsweise Nichtnutzungen wie auch im Verhalten der Menschen. Wir entschieden uns daher für Mülheim, seine leere Mitte und die *dezentrale* als Ort für das *Labor Mülheim*.

URBANE KÜNSTE RUHR

Urbane Künste Ruhr ist eine Kulturinstitution unter dem Dach der Kultur Ruhr GmbH, die in der Nachfolge der Kulturhauptstadt Europas RUHR.2010 künstlerische Produktionen im urbanen Raum des Ruhrgebiets realisiert. Künstlerische Leiterin ist die Architektin, Kunsthistorikerin und Kuratorin Katja Aßmann. Seit

2012 werden durch Projekte im urbanen Raum, temporäre Architekturen, urbane Interventionen und künstlerische Forschungsprojekte neue Wege im Umgang mit städtischen Ballungszentren erarbeitet.

Innerhalb der verschiedenen Tätigkeitsfelder von Urbane Künste Ruhr waren die *Mobilen Labore* explizit darauf ausgelegt, experimentelle künstlerische urbane Forschung zu betreiben. Hier sollten nicht nur künstlerische Arbeiten entstehen, sondern in Diskussionen, Vorträgen und Workshops die Prozesse des Arbeitens, die sozialen, politischen und wirtschaftlichen Hintergründe, Fragestellungen und Ergebnisse gemeinsam mit Fachleuten und einem interessierten Publikum reflektiert und erörtert werden. Die *Mobilen Labore* waren Forschungsabteilung und Plattform zugleich.

LABOR MÜLHEIM

Das Institute for Contemporary Art Research, IFCAR, verfügt über zwei Forschungsschwerpunkte: Der Schwerpunkt *Wissensformen der Kunst* beschäftigt sich mit den spezifischen Formen künstlerischer Erkenntnis im Kontext heutiger Wissenskulturen. Der Schwerpunkt *Kunst, Urbanität und Öffentlichkeit* erforscht Möglichkeiten, wie öffentliche Belange unserer – insbesondere urbanen – Gesellschaft mit genuin künstlerischen Beiträgen reflektiert und entwickelt werden können. Der ebenfalls am IFCAR angesiedelte Forschungsschwerpunkt *Public City* entwickelte unter dem Titel *Labor Mülheim* ein Konzept für eines der *Mobilen Labore*, in dem vier Projektgruppen aus unterschiedlichen Departements der ZHdK wie auch aus andere Hochschulen zusammenarbeiteten. Auf diese Weise konnten Themen und Fragestellungen beider Forschungsschwerpunkte des IFCAR in einem internationalen Netzwerk bearbeitet und diskutiert werden, woraus auch die Zielsetzung des Projekts hervorging.

Das *Labor Mülheim* entwickelte experimentelle Settings in urbanen öffentlichen Räumen, innerhalb derer aktuelle Phänomene und Probleme der Stadt Mülheim und darüber hinaus thematisiert, reflektiert, diskutiert und sinnlich wahrnehmbar gemacht werden konnten. Aufgrund der Beteiligten, die sowohl aus dem Wissenschaftsbereich als auch aus verschiedenen künstlerischen Tätigkeitsfeldern stammten, sollten inter- und transdisziplinäre Herangehensweisen im Vordergrund stehen. Explizit erwünscht war es, den Fokus stärker auf den Prozess der Arbeit zu legen und diesen transparent und miterlebbar zu machen, und weniger auf fassbare Ergebnisse. Inhaltlich standen Themen im Zentrum, die im weitesten Sinn als Auswirkungen neoliberaler Stadtpolitik verstanden werden können: der Umbau der Städte zu Konsumlandschaften bei gleichzeitiger Verödung vernachlässigter Stadtgebiete, die Exklusion und soziale Segregation, die zunehmende Privatisierung öffentlicher Räume sowie Aufwertungsstrategien und ihre Folgen. Die Stadt Mülheim fungierte hierfür als *Case Study*.

ruhrbania
aktuell_01

Morgen wird schöner
Die neue Ruhrpromenade

ZU DEN BEITRÄGEN

In der Publikation werden einerseits die Ergebnisse der vier Projekte der ZHdK vorgestellt und ihre spezifischen Vorgehensweisen reflektiert, andererseits werden diese durch ruhrgebietskundige Fachleute in einen größeren Zusammenhang gestellt. Die Publikation ist nicht allein eine Vertiefung der Frage, wie künstlerische Strategien innerhalb der Stadtforschung eingesetzt werden können, sondern gibt auch einen detaillierten Überblick über die Entwicklung und die gegenwärtige politische, ökonomische, stadtplanerische und kulturpolitische Situation des gesamten Ruhrgebiets.

Im ersten Teil des Buches geben Jan Polívka, Klaus Ronneberger und Holger Bergmann einen vertieften Einblick in die Herausforderungen, mit denen das Ruhrgebiet, und im speziellen auch Mülheim, im Verlaufe des Strukturwandels der letzten Jahrzehnte konfrontiert wurde und welche Auswirkungen diese auf die Städte hatten und weiterhin haben.

Der Stadt- und Regionalplaner Jan Polívka zeigt in seinem Text die Schwierigkeit auf, das polyzentrale Siedlungsgefüge des Ruhrgebiets allein mit regionalplanerischen Mitteln zu verbessern. Im Zuge des noch nicht beendeten Strukturwandels tut sich die *inter*kommunale Planung schwer, da die Städte aufgrund eines immer noch bestehenden Konkurrenzdenkens und klassischen Zentralitätswettbewerbs weiterhin versuchen, ihre Situation selbst, also *intra*kommunal, zu verbessern, wie das die Stadt Mülheim beispielsweise mit dem groß angelegten Projekt *Ruhrbania* versucht. (> 1) Neben dem Beinahe-Scheitern dieses Top-down-Projekts beschreibt Polívka, wie durch eine Bottom-up-Entwicklung mittels kleinteiligem und „ressourcenschonendem Upcycling" die Innenstadt Mülheims zumindest in ersten Ansätzen wiederbelebt werden konnte und sieht darin ein erfolgversprechendes Modell zur Revitalisierung der maroden Innenstädte des Ruhrgebiets.

Klaus Ronneberger wirft einen sozialwissenschaftlichen Blick auf die spezifische Stadtentwicklung im Ruhrgebiet seit Ende des 19. Jahrhunderts. Die Montanindustrie hat zu einer polyzentralen Industrielandschaft geführt, die selbst nach dem Zweiten Weltkrieg mit dem einsetzenden Strukturwandel nicht in einen von starken Städten dominierten Metropolraum überführt werden konnte. Diese „defizitäre Urbanisierung" hatte auch gravierende sozial-räumliche Folgen, mit denen das Revier noch heute zu kämpfen hat. Das Schrumpfen der Städte führt zu einer wachsenden sozialen Ungleichheit. Auch die Bemühungen der Städte durch Kulturalisierungsstrategien oder durch öffentlichkeitswirksame Prestigeprojekte mehr Einnahmen zu generieren, laufen meist ins Leere, wie Ronneberger am Beispiel der Kulturhauptstadt Europas RUHR.2010 aufzeigt. Auch den Versuch, durch den Bau der Shoppingmall CentrO der Stadt Oberhausen eine „neue Mitte" zu geben, sieht er als gescheitert.

Der Leiter des Ringlokschuppen in Mülheim, Holger Bergmann, berichtet von vier Stadtspielen, die von 2011 bis 2014 in Mülheim von seinem „Produktionshaus für performatives Theater" initiiert und durchgeführt wurden. Der aktuelle Trend im Theater, die „Hinwendung zum Realen", hat in den vier Stadtspielen zu einer performativen Erforschung des Urbanen geführt, die verschiedene Künstler- und Theatergruppen, Bewohner Mülheims, Fachleute aus Architektur und Stadtplanung sowie Politiker einander näher gebracht haben, um gemeinsam über die Zukunft Mülheims nachzudenken. Der Text zeigt sowohl Chancen und Möglichkeiten als auch die Schwierigkeiten auf, mit denen sich die Künste im realpolitischen Alltag konfrontiert sehen.

Der zweite Teil des Buches geht grundsätzlichen Fragen der künstlerischen Forschung in urbanen Räumen nach. Christoph Schenker macht in seinem Beitrag einen spezifischen Vorschlag, welche Voraussetzungen und Rahmenbedingungen erfüllt sein müssen, um Public Art *als Stadtforschung* zu verstehen und plädiert für eine transdisziplinäre Vorgehensweise, in der „dichtes Wissen" neue Einsichten und Erfahrungen ermöglicht. Jürgen Krusche gibt Einblick in die verschiedenen Herangehensweisen der vier Projekte des Labor Mülheim, die zwischen künstlerischen und wissenschaftlichen Feldern changieren und beide miteinander in Beziehung setzen. Die vier Projekte haben jeweils eigene, den Interessen und Fragestellungen der jeweiligen Projektleitenden entsprechende Verfahren, Strategien und Methoden angewandt, die hier kurz dargestellt und miteinander verglichen werden.

Im Hauptteil des Buches werden die Projekte selbst vorgestellt. Die Projektbeteiligten geben Einblick in ihre durchgeführten Arbeiten, Fragestellungen und Vorgehensweisen. Dabei liegt der Fokus weniger auf den Ergebnissen als vielmehr auf der Reflexion des Arbeitsprozesses. Da die vier Projekte unterschiedliche Forschungsperspektiven eingenommen haben, sind auch die Vorgehensweisen unterschiedlich. So sind auch informelle Gespräche, Interventionen und Installationen *in situ* Teil eines offenen Forschungsprozesses. Die Projekte werden deshalb nicht nur in Textform vorgestellt, sondern auch durch Bild-, Video- und Audiobeiträge, für die eine eigene Website eingerichtet wurde.

Die Projekte von knowbotiq und der Sonozones-Gruppe werden ergänzt und kontextualisiert durch drei Texte von Jochen Becker, Astrid Kusser und Salomé Voegelin, die – wie auch Holger Bergmann – als Respondenten an der Abschlusstagung *Prekäre Landschaften* im Oktober 2013 in der *dezentrale* in Mülheim teilgenommen haben.

Jochen Becker beschreibt das Ruhrgebiet anhand verschiedener künstlerischer Projekte, beginnend 1967 mit den weltbekannten Fotoarbeiten von Hilla und Bernd Becher über den 1980/1981 entstandenen Spielfilm von Adolf Winkelmann *Jede Menge Kohle* bis hin zu Lars von Triers Filmreise *Epidemic* von 1987. Dabei ist es wohl kein Zufall, dass eine Sequenz in der Arbeit von knowbotiq, in der die von ihnen kreierte Gestalt BlackGhillie über den verschlossenen Eingängen in die Schächte der Unterwelt des Ruhrgebiets tanzt, an Winkelmanns Film erinnert, in dem ein junger Bergmann „wie ein Alien mit *blackface* ans Tageslicht kommt". Wie im Essayfilm von Holger und Daniel Kunle *Nicht mehr | Noch nicht* von 2004 sieht Becker die Probleme des postindustriellen Ruhrgebiets auch in den stillgelegten Industriearealen der ehemaligen DDR. Als mögliche Lösung wird die Einrichtung einer „Sonderwohlfahrtszone" vorgeschlagen, wie in einem viel diskutierten künstlerisch-urbanistischen Projekt von 2004/2005 für die Stadt Forst in der Lausitz.

Am Beispiel des tanzenden Müllmanns Renato Lourenços aus Rio de Janeiro denkt Astrid Kusser über Möglichkeiten nach, wie Strategien der Profanierung der zunehmenden Vermarktung von Städten etwas entgegen setzen könnten. Während Rio de Janeiro mit verklärenden Bildern für die olympischen Spiele 2016 wirbt und die Stadt als „Himmel auf Erden" präsentiert, holt der Müllmann Renato Lourenços die Samba aus den himmlischen Sphären des Sambódromo herunter auf die Straße. Gefangen zwischen der Vermarktung durch Fernsehauftritte und Bühnenshows und seinem Engagement als streikender Arbeiter schwebt er zwischen zwei Welten: der Welt der Idealisierung und Entrückung aus dem Alltag und der Welt der Profanierung dessen, was ihn von seinen Kollegen unterscheidet. Vielleicht hinkt der Vergleich, aber auch Mülheim könnte als so ein tanzender Müllmann gesehen werden. Immer wieder versucht die Stadt durch Prestigeprojekte wie *Ruhrbania* ihre Lage am Wasser mit verklärenden Bildern zu vermarkten und gleichzeitig schaut sie der Profanierung – hier durchaus wörtlich als Entweihung zu verstehen – der einst florierenden Schloßstraße, die eine der ersten Fußgängerzonen Deutschlands war, scheinbar teilnahmslos zu.

Die Künstlerin und Autorin Salomé Voegelin beschreibt in „Klangkunst als öffentliche Kunst" die Arbeiten der drei an dem Projekt *sonozones* beteiligten Klangkünstler Cathy van Eck, Kirsten Reese und Trond Lossius als Zugang zur Stadt Mülheim durch Klang. Klang wird nicht nur im Kontext von Kunst betrachtet (*Sound Art*), sondern vor allem im Kontext von Forschung, da die Natur des Klangs den Zugang zu einer anderen Art von Wissen bietet. Der Quantifizierbarkeit von Wissen fügt der Klang eine ästhetische Qualität hinzu; nicht das Reflektieren steht im Vordergrund, sondern vielmehr das Gleichgewicht von Wahrnehmung und Denken. Die drei Arbeiten eröffnen einen Raum zwischen Ort, Zeit, Klang und Bild und machen diesen erfahrbar, sei es durch Interventionen, durch Installationen oder *field recordings*. Durch die Performativität, die allen drei Arbeiten eigen ist, wird nicht nur ein anderes, sinnliches Wissen produziert, sondern die Produktion von Wissen wird grundsätzlich hinterfragt und zur Diskussion gestellt.

Ergänzendes Bild- und Audiomaterial zu allen Projekten ist auf der Website zur Publikation zu finden: http://blog.zhdk.ch/labormuelheim/

1

DAS RUHRGEBIET

ÜBER DIE HERSTELLUNG VON URBANITÄT IM RUHRGEBIET

Jan Polívka

Die Agglomeration Ruhr mag anders aussehen und räumlich beschaffen sein als die meisten urbanen Räume Europas. Was sie dennoch mit anderen gemein hat, ist die Grundlogik ihrer Formung während der Industrialisierung. Wie die größten Industrieagglomerationen der damaligen Zeit unterlag auch sie denselben Paradigmen, wie sie für industriezeitliche Siedlungserweiterungen von klassischen europäischen Städten definiert werden können. Auch im Ruhrgebiet sind zunächst kaum vollwertige Städte außerhalb der mittelalterlichen Siedlungskerne entstanden.[1] In einer Region der flächenhaften Kohleförderung und einer daraus folgenden, sich teppichartig ausbreitenden Städtelandschaft, bedeutete dies neben einem enormen Einwohnerzuwachs in den Städten entlang des Hellwegs, der als historische Handelsroute vom Rheintal nach Ost-Westfalen entlang etablierter Siedlungszentren führte, vor allem ein ungeordnetes Wachstum von sogenannten „Riesendörfern", die insbesondere im Bereich des Emschertals die Massen neuer Arbeiter aufnahmen.[2] Diesen explodierenden Agglomerationen mit mehreren Zehntausenden Einwohnern ohne Stadtstatus fehlte es an grundlegender Verwaltungs- und Infrastruktur, was neben Hygiene- und Verkehrsproblemen auch dazu führte, dass sie – immerhin lebte 1910 in 106 solcher Gemeinden entlang des Flusses Emscher etwa ein Drittel der Ruhrgebietsbevölkerung – kaum oder nur rudimentär eine städtische und physisch urbane Siedlungsform entwickelten. Auch die historischen Hellwegstädte hatten es schwer, ihr Los der ungebremsten Expansion flächenhaft zu steuern. Selbst durch Eingemeindungen der teppichartigen Siedlungsstruktur war es ihnen kaum möglich, außerhalb der mittelalterlichen Zentren und ihrer unmittelbaren Umgebung zu einer kompakten städtischen Struktur zu gelangen. (> **1**)

Das diesen Prozess begleitende räumliche Planen des industriellen Siedlungsraums im Ruhrgebiet erfolgte von Beginn an im Sinne einer Anpassungsplanung und konzentrierte sich somit auf die Beseitigung von grundsätzlichen infrastrukturellen Missständen, die aufgrund der massiven Entwicklung der Siedlungslandschaft des Ruhrgebiets während der Industrialisierungsphase im 19. und frühen 20. Jahrhundert auftraten. Das physische Wachstum wurde außerhalb der historischen Kernstädte bis auf die Bauvorschriften selbst städtebaulich und funktional nur rudimentär geregelt. In unmittelbarer Nähe zu den im Raum verstreuten Industrieanlagen, die als Impulsgeber der Siedlungsentwicklung galten, entstanden geordnete Bergarbeitersiedlungen in enger Nachbarschaft zu einer teils wild gemischten kommerziellen Bebauung entlang anliegender Straßen und Wege. Ihre Verortung und Anbindung resultierte aus dem Einfluss industrieller und privater Grundstücks- und Bauspekulation. Die zwischen den etablierten Städten liegenden historischen Landwege und Verbindungen als neu angelegte Prinzipal- oder Poststraßen wurden im Zuge dessen urbanisiert. Außerhalb der etablierten Städte fanden sich somit im bunten Wechsel funktional gemischte Gebäudeensembles mit Anmutung städtischer Blockstrukturen neben alleinstehenden Wohnhäusern aller Größen, Gewerbebetrieben oder sozialen Einrichtungen und Gotteshäusern. So ist eine an „Wegesfäden" und an vorindustriellen Siedlungskernen orientierte Hierarchie und Dichte der Siedlungsstruktur angelegt worden, die durch das spätere Wachstum insbesondere in die anliegenden Landschaftsbereiche expandierte; oft jedoch als einzelne Cluster mit eigenen gesellschaftlichen und kulturellen Milieus. Die besondere Rolle ursprünglicher Hellwegstädte bei der Urbanisierung resultierte sowohl aus ihrer höheren Bau- und Bevölkerungsdichte als auch aus ihrer infrastrukturellen, funktionalen und institutionellen Überlegenheit.[4]

Auch die ersten regionalweit umgesetzten planerischen Eingriffe hatten nicht das Ziel eine Ordnung der Baubereiche herzustellen, sondern wurden durch die Bergsenkungen erzwungen. Denn die durch den Bergbau veränderte Topografie ließ das Wasser der Emscher an unzähligen Orten nicht mehr abfließen und sorgte für teilweise andauernde Überschwemmungen auch von bereits überbauten Gebieten. In vielen verstädterten Bereichen fehlten zudem Wasserleitungen bzw. war überhaupt keine Kanalisation vorhanden. Die Gründung der Emschergenossenschaft 1899 als Zweckverband von Städten, lokal ansässigen Wirtschaftsunternehmen und des Bergbaus sowie das Projekt der Kanalisierung der Emscher sollten dafür sorgen, dass das Ruhrgebiet überhaupt bewohnbar bleibt.[5] Eine zweite planerische Maßnahme war die Gründung des Siedlungsverbands Ruhrkohlenbezirk (SVR) um 1920. Ihr Programm basierte auf der von Robert Schmidt vertretenen Auffassung über die Steuerung der Entwicklung der Siedlungslandschaft, die unter

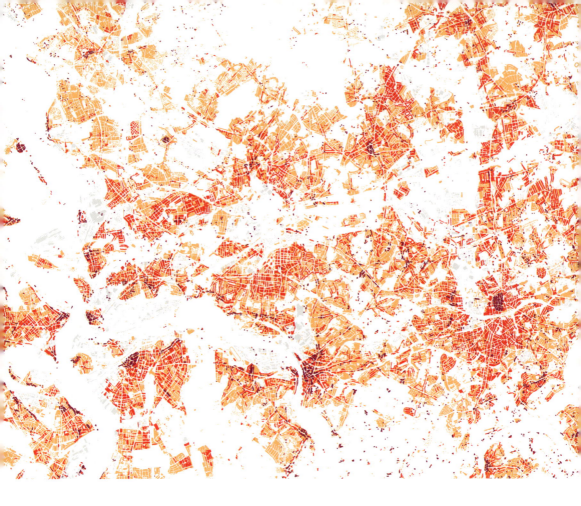

1 Die Entwicklung der Siedlungsfläche im zentralen Ruhrgebiet zeigt die historische Dominanz der Hellwegstädte und die flächenhafte Ausdehnung der „Industriedörfer".[3]

Lila: 1840, rot: 1930, orange: 1970, hell-orange: 2010, grau: Industrieanlagen

anderem die Idee eines *Nationalparks Ruhr* mit dem Ziel einer räumlichen Entzerrung des Ballungsraums und Verbesserung der ökologischen und sozialen Situation beinhaltete.[6] Man verzichtete allerdings auf ein darüber hinausgehendes regionales Siedlungskonzept, das städtebauliche Leitplanken für den weiteren Siedlungsausbau innerhalb der urbanisierten Flächen aufstellen würde.

Regionale Planungen der Siedlungsformung beschränkten sich zu dieser Zeit neben der bereits erwähnten Steuerung der Siedlungsexpansion auf die Nord-Süd-Grünkorridore zwischen den größten Städten und den Ausbau der Straßen. Auch

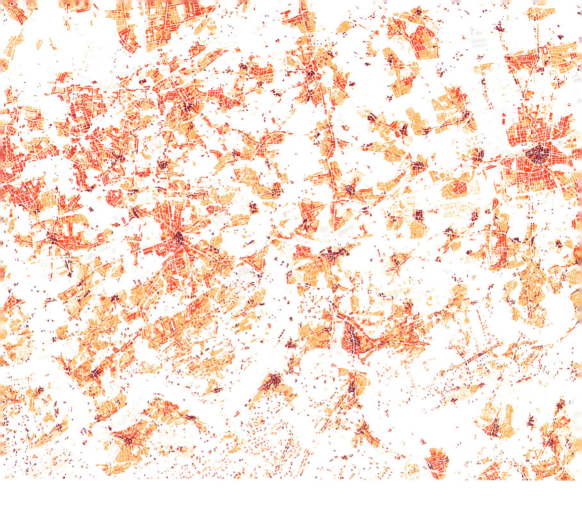

unter diesen Rahmenbedingungen blieb das Wachstum der Städte untereinander weitgehend unkoordiniert, räumlich lediglich durch das regionale Wasser-, Grünzugsmanagement und den Ausbau der Straßeninfrastruktur definiert. Schmidt blieb mit seinen Vorschlägen zur Ordnung des Ruhrgebiets ein *visionärer Realist* und konzentrierte sich mehr auf Konsens versprechende Themen der Grünräume als auf den Umbau der Siedlungsstruktur selbst. Diesen hielt er zwar für notwendig, aber nicht im Sinne eines Top-down-Prinzips umsetzungsfähig. Als Verbandsdirektor, und auch nach Verlassen dieser Funktion, befasste sich Schmidt zu Beginn der 1930er Jahre wiederholt mit dem Thema der städtischen Dichte und urbaner Funktionen.[7] Allerdings war der von ihm konzipierte, auf Freiwilligkeit basierende Städteverband von Anfang an zu schwach, um die Form der Urbanisierung in den Städten wesentlich zu beeinflussen. Die Rahmenbedingungen diktierte weiterhin die Industrie, unterstützt durch die Reichspolitik, denn auch nach dem Ersten Weltkrieg musste das Ruhrgebiet wesentlich zu den anberaumten Reparaturzahlungen beitragen. Die im Zuge dessen erstarkten Städte entwickelten sich zu wahren Großstädten mit entsprechenden Ambitionen; unter anderem plante die heute knapp 120.000 Einwohner zählende Stadt Recklinghausen eine Millionenmetropole mit entsprechendem Stadtbild und Infrastruktur zu werden.[8]

Mit einem sich zögerlich etablierenden industrieprovinziellen Bürgertum entstanden sodann auch die ersten baulichen Repräsentanzen traditioneller Urbanität industrieller Zeit in besonderen Wohnvierteln mit größtenteils anspruchsvoller Architektur. Auch öffentliche Gebäude in den Zentrallagen und Teilzentren der Städte wiesen großstädtische Züge auf, insbesondere dort, wo sich das Bürgertum niederließ. Diese blieben allerdings nur Inseln eines städtischen Urbanitätsbildes und zeugten weniger von einer allgemeinen Urbanisierung der Ruhrgebietsorte als von einer fortschreitenden sozialen Diversifizierung und Segregation, bei der neben fehlender städtebaulicher Qualität auch die infrastrukturelle Anbindung, soziale Versorgung und Daseinsvorsorge zumeist kaum die Arbeiterquartiere und Kolonien erreichte. Detlef Vonde bezeichnet diese Entwicklung als „doppelte Segregation": „(...) neben dem Nordgefälle [ist auch] die Herausbildung von Zonen unterschiedlicher Versorgungsniveaus und Lebensqualität im industriellen Hinterland des Emschergebietes [entstanden]", also in mittlerer Ost-West-Schiene des Ruhrgebiets, wo einerseits die größten Städte Dortmund, Bochum, Gelsenkirchen, Essen, Mülheim an der Ruhr und Duisburg lagen, aber auch die dichtesten flächenhaften Bereiche der Arbeiterkolonien.[9] Die historischen Städte ihrerseits erfüllten innerhalb ihrer Grenzen neben den genannten Urbanisierungsprojekten im Innenstadtbereich durch die Eingemeindungen ihre „Ambition der Großstädtigkeit" und Zentralität. Dabei blieb es beim selektiven Vorgehen der Stadtverwaltungen im Raummanagement. Für die Industriedörfer waren Eingemeindungen neben der nicht einfachen Erlangung von Stadtrechten oft die einzige Möglichkeit, an zumindest rudimentäre infrastrukturelle Strukturen und Verwaltungsleistungen zu gelangen. Sowohl innerhalb der Städte als auch in anderen Großstadtregionen verfestigte sich jedoch weiterhin das Gefälle innerhalb der unterschiedlich kompakten Wohnviertel des Bürgertums und der Arbeiterklasse. Und weiterhin entfaltete sich auch der starke Wettbewerb zwischen den historischen Städten selbst, angetrieben unter anderem durch die zahlreichen Eingemeindungen.

Diese Verwaltungsreformen führten dann zu Beginn der 1970er Jahre zum großräumigen Aufeinandertreffen der Grenzen der meisten Großstädte. Zu dieser Zeit war die funktionale Verflechtung ihrer Zwischenräume bereits so stark fortgeschritten, dass man über ein neues funktionales System von Zentralitäten außerhalb der klassischen Stadtzentren und abseits der montanindustriellen Standorte sprechen konnte. Dies betraf seit den 1960er Jahren insbesondere neue Funktionen wie Einzelhandel, aber auch wissensnahe Bereiche wie Hochschulen, technische Forschung und Medizin. Die Siedlungslandschaft wuchs weiter räumlich, vor allem jedoch funktional zusammen, was zu einer entsprechenden Konkurrenz für die klassisch zentralen Räume der Innenstädte führte. Mit dem Schwund der lokal gebundenen Montanindustrie verstärkte sich auch die regionale Distribution der Arbeitsplätze und ein entsprechendes regionales Pendelverhalten entfaltete sich, wobei dieses auch die Einkaufs- und Freizeiteinrichtungen zunehmend mit einschloss. Trotz dieser andauernden regionalen Vernetzung durch neue Standorte, die in eine Art *Region der funktionalen Archipele* mündete,[10] blieb allerdings das Kirchturmdenken der Gemeinden ungebrochen. Zwar verbesserte die Programmatik der regional angesetzten Internationalen Bauausstellung IBA Emscher Park (1989–1999) die Kommunikation der Städte teilweise, doch wurde der eigene „Kirchturm" weiterhin beibehalten, zuletzt mit der 1999 eingeführten Kommunalverfassung mit Direktwahl der Oberbürgermeister.[11]

Aus städtischer Sicht auf die Region ergeben sich hierbei zwei Besonderheiten: Erstens führen die regionalen Verflechtungen, denen die Städte im Ruhrgebiet als Folge ihrer geografischen Nähe unterliegen, zu gegenseitigen Abhängigkeiten und Einflussnahmen. Die Städte müssen somit funktional immer auch als ein Gesamtes betrachtet werden. So treten intraregionale Konkurrenzen auf. Andererseits entstehen, positiv betrachtet, aus der gegenseitigen funktionalen Nähe Potenziale für Synergien, welche es unter Städten mit einer größeren Entfernung nicht von vornherein gibt. Betrachtet man große, kompakte Metropolen mit einer ähnlichen relativen, zeitlich definierten Vernetzung, zeigen ihre Zentrumsbereiche oft eine klare Spezialisierung. So sind in tatsächlichen Metropolenbereichen neben den innerstädtischen Wirtschaftszentren auch übergeordnete Standorte der Bildung, Freizeit und des Einzelhandels zu finden, die wesentlich die Form der jeweilgen Zentralität prägen. Vergleicht man diese jedoch mit der Siedlungsstruktur des Ruhrgebiets, so liegen dort einige zentrale Funktionen, die sich anderorts durchaus in eingebundenen städtischen Lagen befinden und diese prägen, in einem additiven Muster am Rande zu der Grundsiedlungsstruktur. In den Zentren mehrerer historischer Städte sind weiterhin ähnliche klassische Funktionen verortet, die nicht zwingend zur Schaffung von Einzigartigkeit oder Spezialisierung ihrer Zentren beitragen.[12] Auch durch die ehemaligen Zechen- und Stahlproduktionsstandorte, die seit der IBA Emscher Park im Rahmen der einzelnen Programmbausteine *Emscherumbau, Arbeiten im Park, Wohnprojekte, Industriekultur, Öffentliche Infrastruktur* und *Freizeit* umgewandelt worden sind, ist es etwa im Fall der industriellen Kulturerbestätte Zollverein oder der Shoppingmall CentrO in Oberhausen – ambitiös „Neue Mitte" benannt – nur punktuell gelungen, diese in bedeutende Standorte mit zentralen *urbanen* Funktionen umzuwandeln. Oft liegen die Standorte aufgrund der dispersen Siedlungsstruktur des montanen Industrieraums zu peripher und tragen somit nur bedingt zur Stärkung der gewachsenen urbanen Zentralitätsstruktur bei, oder wirken gar konträr. Dies ist auch ein Grund für die relative Bedeutungslosigkeit der Projekte der IBA Emscher Park für die Stärkung traditioneller Zentralitäten. (> **2**)

2 Siedlungsstruktur des Ruhrgebiets mit Hervorhebung der baulich verdichteten und kleinräumlich intensiv genutzten Adern und urbanen Kerne. Mülheim an der Ruhr liegt im zweiten Sechstel des Bildes unten von links.[14]

Grau: Siedlungsfläche, hellrot: Industrieflächen und übergeordnete Linieninfrastruktur, lila: übergeordnete urbane Kerne, dunkelgrün: weitere dominante Dienstleistungsstandorte, grüne Linie: Siedlungsränder

Hingegen sind traditionelle Geschäftsfelder als eigentliche wirtschaftliche Impulsgeber der Innenstädte weiterhin im Begriff eines starken strukturellen Wandels. Sie konnten ihre Bedeutung auch nach der Ära von Kohle und Stahl beibehalten und ihre zentralen, traditionsbedingt innerstädtischen Standorte weiter ausprägen.

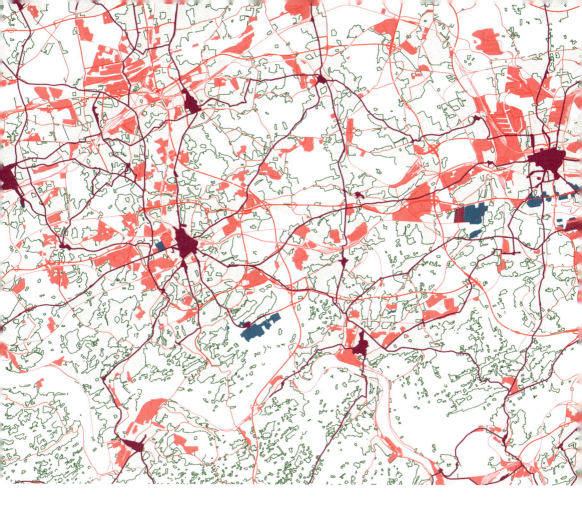

Dazu zählen unter anderem die Geschäftszentralen der Energieproduzenten und des Stahlgeschäfts. Durch die Veränderung ihrer Geschäftsfelder im Zuge des Strukturwandels oder der Energiewende werden diese vermutlich nur noch eingeschränkt zum Erhalt und Ausbau zentraler Lagen beitragen können. Zudem weist die Siedlungsstruktur mannigfaltige Stadtteil- und Kiezzentren auf, die einerseits die polyzentrische und zum Teil schwach verdichtete Siedlungslandschaft versorgen. Andererseits leiden gerade diese kleinteiligen Zentren an Funktionsverlusten gegenüber Zentralitäten auf städtischer Ebene oder gegenüber den Einzelhandels- und Freizeitkonkurrenten in nicht integrierten Lagen im gesamtregionalen Kontext. Zentrale urbane Gebiete der Ruhr sind bereits jetzt auf die Wirtschaftskraft kleinerer und mittlerer Unternehmen im Bereich des Dienstleistungssektors angewiesen. Historisch bedingt gehört diese Sparte, ähnlich wie die großbürgerliche Kultur, allerdings nicht zu den traditionellen Sparten im Ruhrgebiet und ihre Festigung wird weitere Zeit benötigen. Auch das Setzen auf die Kulturwirtschaft als

Allheilmittel der urbanen Ökonomie und Motor urbaner Entwicklung erscheint trotz der Aktivitäten nach der Kulturhauptstadt und der Top-down-Ausweisung von „Kreativquartieren" in allen Zentren der sechs größten Städte im Ruhrgebiet fraglich.[13]

Insgesamt muss konstatiert werden, dass es traditionelle Zentren in historischen Städten nicht gerade einfach haben: Einerseits bieten sie den Bewohnern benachbarter disperser Siedlungslandschaften einen urbanen Ankerpunkt inklusive traditioneller Hochkultur. Quantitativ wird durch die Anzahl der klassischen Theaterbühnen die vermeintliche Stärke des Ruhrgebiets als *Metropole* gegenüber anderen klassischen Metropolen wie Berlin gerne hervorgehoben. Gleichzeitig bildet diese, nicht zuletzt haushaltstechnisch äußerst aufwändige, Parallelität von kulturellen Einrichtungen einzelner Städte kaum ein regional wie überregional wahrnehmbares einheitliches, qualitatives Alleinstellungsmerkmal oder Profil. Eher wird es schwieriger, mit diesen als Benchmark der Zentralität dienenden Must-have-Einrichtungen jeweils eine Alleinstellung zu erreichen, schwieriger jedenfalls, als mit einer gesamtregionalen Strategie, die sich auf weniger Standorte mit hoher Ausstrahlung beschränkt. Andererseits stehen die traditionellen Zentren einem höchst funktional diversifizierten, post-suburban anmutenden und weitläufigen Siedlungsraum gegenüber, in dem bereits viele der Schlüsselindikatoren der Urbanität wie Kultur- und Freizeiteinrichtungen regionalweit verortet sind. (> 3)

VORAUSSETZUNGEN FÜR EIN REGIONALES KONZEPT DES AUS- UND UMBAUS DER SIEDLUNGSSTRUKTUR

Ein Ausgleich von Einzelinteressen der Städte in einem regionalen Umfeld mit einer Fülle von Kommunen, ähnlich positionierten kreisfreien, nah beieinander liegenden Städten sowie einer komplexen Verortung zentraler Funktionen im Raum, hängt von einem schwierigen Prozess der Ausbalancierung von gemeinsamen und partikularen Interessen ab. In diesem traditionellen politischen System städtisch-lokaler Zugehörigkeiten und der daraus resultierenden intraregionalen Konkurrenz verbunden mit einer schwachen ausgeprägten regionalen Ebene gelangen Innovationen des Urbanen vorwiegend nur auf einer lokalen bis städtischen Ebene zur Umsetzung. Die Städte selbst verstehen solche innovativen Zugänge überwiegend als eigene Profilierungsmaßnahmen, was eine Umsetzung auf regionaler Ebene behindert. Da die Städte zu ihrer Entwicklung nicht nur neue organisatorische Strukturen, sondern vor allem eine Zusammenarbeit mit weiteren Trägern sowie den Zugang zu externen Finanzquellen benötigten, müssen Städte Partnerschaften eingehen. Ihre natürliche regionale Einbettung als konzeptionell-partnerschaftlicher Bezugsraum wird allerdings unter den gegebenen Umständen als nachrangig gesehen. Eine auf bewusste regionale Kooperation basierende lokale Spezialisierung der Zentrumsbereiche findet bisher kaum statt. Achim Prossek und Angelika Münter zeigen in ihrer Untersuchung von 50 beispielhaften Regionalisierungen des Ruhrgebiets, dass die Region einschließlich ihres Verwalters, dem Regionalverband Ruhr, institutionell nur wenig wahrnehmbar ist:[15] Mit einem Potpourri an regionaler Presse bis hin zu einzelnen Kulturregionen erscheint das Ruhrgebiet divers. Gleichzeitig wird die interkommunale Kooperation benachbarter Kommunen bedeutender. Bei näherer Betrachtung handelt es sich allerdings zumeist um eine projektorientierte und sektorale Zusammenarbeit. Eine strategische interkommunale Planung blieb bis auf wenige Ausnahmen bruchstückhaft. So konnten dringende Themen des Stadt- wie regionalen Siedlungsumbaus in der Deindustrialisierungsphase kaum regional wirksam angesprochen werden. Später gestartete Versuche der Charta Ruhr, eine Diskussion über eine regionale Anpassung der physischen Siedlungsstruktur zu generieren, blieben trotz provokativer Konzepte wie etwa dem „Speerplan" mit seiner Vision zum Rückbau der Region auf die vorindustrielle, mittelalterliche Städtestruktur[16] ohne nennenswerte (Gegen-)Reaktion. Insbesondere unter den Prämissen von Alterung und Schrumpfung wäre eine Diskussion zu Zentralität im Rahmen einer „Umbaukultur" innerhalb der spezifischen Siedlungsstruktur jenseits radikaler und dennoch unkoordinierter Abrisse von historischer Bausubstanz auf regionaler Ebene sicherlich nötig. Einen Versuch, mit diesen Themen offen umzugehen, startete 2012 der Regionalverband Ruhr mit dem Aufstellungsverfahren des Regionalplans: Ein Internationaler Ideenwettbewerb sowie Bürger- und Expertenforen sollten eine Diskussion der mannigfaltigen, unterschiedlich starken und von divergierenden Interessenlagen geleiteten Akteuren zum regionalen Umgang mit der Siedlungsstruktur generieren und in die öffentlichen Prozesse der Vorbereitung des neuen Ruhrgebiet-Regionalplans unter der Leitung des Regionalverbands Ruhr einfließen.[17] Die Ergebnisse waren insofern überraschend, als dass sie für eine stärkere infrastrukturelle und funktionale Verknüpfung des Siedlungsraums plädierten und die unzähligen Quartiere und ihre endogenen Potenziale vor die großräumlichen Profilierungsbestrebungen durch Pläne und Projekte setzten. Die Rolle der Kernstädte im Agglomerationsraum ist allerdings auch hier bisher nicht konkret ausgearbeitet worden.

PROFILIERUNG DER STÄDTE – MÜLHEIM AN DER RUHR

Aufgrund der genannten Umstände ist auch die Lage der Kernstädte als Zentren in einem komplex diversifizierten, polyzentralen Siedlungsgefüge nicht gerade einfach. Der Strukturwandel eröffnet neben Potenzialen der Entwicklung von Industriebrachen in zentralen Lagen unter anderem auch neue Möglichkeiten des Zugangs zum Wasser und Grün oder den Rückbau überdimensionierter Verkehrstrassen sowie die Umgestaltung öffentlicher Räume. Gleichzeitig bietet die nur bedingt feststellbare Wirtschaftsdynamik lediglich eingeschränkte Möglichkeiten für die Finanzierung des Umbaus der Innenstädte. Die Städte müssen in ihren Zentren mit dem baulichen Erbe der Nachkriegszeit umgehen. Sie stehen vor Aufgaben der Umwidmung und Entwicklung von industriellen Brachflächen sowie vor den Herausforderungen des sich wandelnden Einzelhandels und befinden sich in starker Konkurrenz zu attraktiven Standorten in dezentralen Lagen innerhalb der Region. Die Eigenprofilierung findet dabei nicht unbedingt im Rahmen des metropolitanen oder agglomerativen Siedlungskontextes statt. Oft besinnen sich die Städte auf eigene Stärken. Neben Verwaltung und Kultur sollen der Einzelhandel und die Freizeitgestaltung durch ein urbanes Flair attraktiver gemacht werden. Bei der Qualifizierung der Räume spielt das individuelle Selbstverständnis der Stadt als Markenzeichen und Alleinstellungsmerkmal allerdings eine besondere Rolle.

Dieses ist im Fall von Mülheim an der Ruhr mit dem Fluss verbunden. Die Orientierung der historischen Innenstadtlage zur Ruhr hat eine symbolische Dimension: Sie rückt die Stadt näher an die „Rheinschiene", hin zu Düsseldorf, und somit auch symbolisch etwas weiter weg vom Ruhrgebiet. Die Stadt ist bestrebt, die Relikte der Industrieproduktion in ihren A-Lagen am Wasser mit neuen Funktionen zu besetzen. Bereits zu Anfang der 1990er Jahre fand auf dem der Innenstadt gegenüber liegenden Westufer die Mülheimer Landesgartenschau statt, im Zuge derer der MüGa-Park auf ehemaligen Bahnanlagen, Schrottplätzen und Industriebrachflächen entstanden ist. Dieser schließt heute etwa sieben Kilometer Grünbereich entlang der Ruhr mit ein und verbindet unter anderem historische Schlossanlagen im Ruhrtal. Auf dem Ostufer wurde 2001 das Projekt *Ruhrbania*, auf Initiative der Stadt und unter Einbeziehung der Wirtschaft, ins Leben gerufen. Ziel des Projekts war die Belebung der kränkelnden Innenstadt durch die Anbindung an den Fluss. 2003 folgte ein entsprechender Ratsbeschluss über einen städtebaulichen Wettbewerb. Der gekürte Vorschlag des Düsseldorfer Büros RKW sah eine städtische Uferpromenade mit entsprechender Bebauung und einem neuen Stadthafenbecken vor. In fünf Teilprojekten wurden Gewerbestandorte, ein Gründerzentrum, Kultur- und Kongresszentrum, Kunstmuseen und die Verkehrsführung in der Innenstadt angegangen. Der fehlenden Verbindung zwischen der Innenstadt und dem Fluss wurde teilweise die schwierige Situation im Mülheimer Einzelhandel an der Innenstadtfußgängerzone zugeschrieben; durch die Öffnung wird folglich ein Belebungsimpuls erwartet. Dies soll auch durch neue funktionale Anker wie ein Gründer- und Kongresszentrum, Gastronomieangebote am Wasser und eine attraktive Ufergestaltung ermöglicht werden.[18]

Der Start des Projekts wurde allerdings von Anfang an durch Unstimmigkeiten begleitet: Eine der ersten waren die Bedenken der Öffentlichkeit gegenüber der Bebauung der Ostruhrgärten, an deren Stelle die neue Stadtpromenade mit begleitender Überbauung entstehen sollte. Obwohl es 2004 noch hieß, dass nicht nur alle Baumdenkmäler, sondern auch alle erhaltenswerten Bäume stehen bleiben können, sah der Plan etwas anderes vor. Es folgte die Beseitigung eines großen Teils der bewachsenen Grünflächen. Das initiierte Bürgerbegehren gegen das Vorhaben wurde vom Stadtrat als rechtswidrig abgelehnt. Zudem wuchs die Kritik an den Kosten: Die von der Stadt vorgestellte Rechnung einer „schwarzen Null" wurde weder von der Opposition noch von den Bürgerinitiativen akzeptiert. Der Grund liegt in einer intransparenten Finanzierung, den nicht eingerechneten Folgekosten für den Rückbau des Rathausneubaus aus den 1960er Jahren, dem zeitweise geplanten Abriss des vor wenigen Jahren sanierten Gesundheitsamtes, dem Ausbau des Kongresszentrums, den nötigen Anpassungen an die städtische Infrastruktur und weiteren Maßnahmen. Die Stadt legte der Öffentlichkeit bislang keine Abrechnung des Projekts vor. Immerhin konnten nach 2005 erste Erfolge verzeichnet werden: Im Haus der Wirtschaft wurde das neue Gründerzentrum eröffnet und das markante Gebäude des historischen Stadtbads von 1910 am Flussufer wurde durch einen Neubau zum Wohnhaus mit insgesamt 65 Wohnungen erweitert. Das benachbarte Baufeld hatte nicht so viel Glück, dort meldete der ursprüngliche Investor mitten in der Planung Insolvenz an, die Stadt blieb in der Pflicht. Nun wurde im Mai 2014 das neue Hafenbecken feierlich eröffnet. Die angrenzende Wohnbebauung, in viel bescheidenerer Formensprache, als es noch die Bilder früherer Investoren zeigten, wurde bereits ein Jahr davor bezogen. Weitere Teile des Projekts im nördlichen Bereich bleiben weiterhin in Umsetzung. Die Stadt benötigt einen langen Atem.

Das inzwischen kontroverse Projekt *Ruhrbania* verbraucht nicht nur viel mehr Geld als veranschlagt, es bedeutet auch Risiken für die durch infrastrukturelle Vorleistungen und Bürgschaften eingebundene Stadt, die bei jedem Teil-Misserfolg und plötzlichen Investoreninsolvenzen alleine die Kosten und deren Folgekosten zu tragen hat. Unter den Bedingungen der sinkenden Einnahmen, hoher Verschuldung der Stadt und abermals höherer Kosten für das Projekt ist es nur verständlich, dass *Ruhrbania* im stadteigenen Haushalt nicht mehr auftaucht; die Kosten werden durch Schattenhaushalte von stadteigenen Unternehmen und Beteiligungen geführt. Als Einnahmequellen sollen erhöhte Gewerbe- und Grundsteuern dienen; neuere Einrichtungen wie das erst seit Kurzem betriebene Naturbad oder das Hallenbad sind inzwischen jedoch schon wieder von einer Schließung bedroht.[19]

Hinzu kam 2009 ein weiterer Schlag in Form der Schließung des Kaufhof-Kaufhauses, das eine Ankerfunktion für den Einzelhandel in der Innenstadt innehatte. Das kurz vor der Kommunalwahl von der Politik vorgestellte Nachfolgeprojekt *Ruhrbanium* trug bislang ebenfalls keine Früchte.[20] Die Schließungen weiterer Traditionsgeschäfte in der Mülheimer Innenstadt scheinen kein Ende zu nehmen; im Falle des Modeausstatters MSM empfohlen die betagten Inhaber ihren Nachkommen ausdrücklich, das seit Jahrzehnten etablierte Geschäft nicht zu übernehmen. Als Hauptgrund wird eine im Vergleich zu den guten Zeiten der 1970er und 80er Jahre kaum noch zu verzeichnende Laufkundschaft genannt, ein Problem, bei dem sich keine Verbesserung abzeichnet.[21]

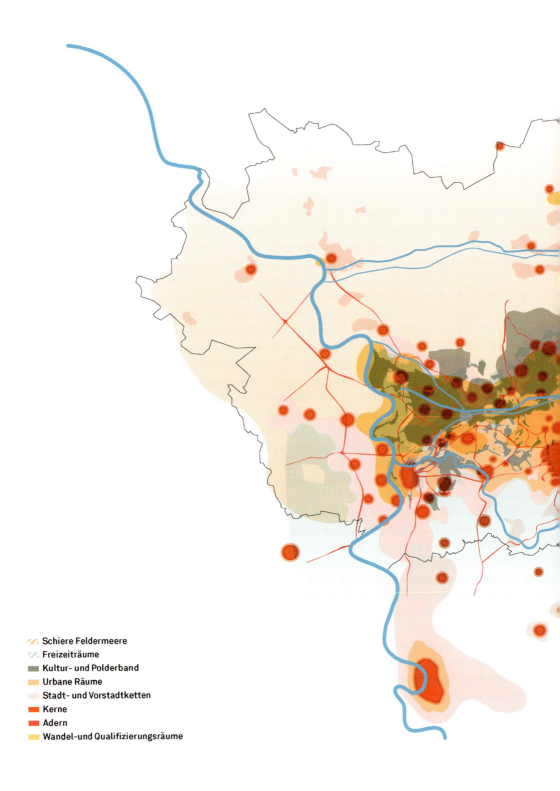

- Schiere Feldermeere
- Freizeiträume
- Kultur- und Polderband
- Urbane Räume
- Stadt- und Vorstadtketten
- Kerne
- Adern
- Wandel- und Qualifizierungsräume

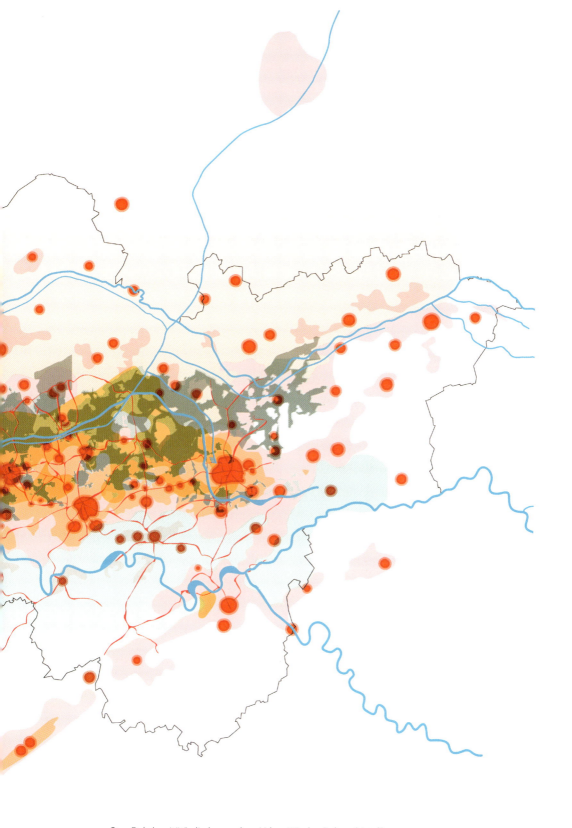

3 „Ruhrbanität": die besondere Urbanität des Ruhrgebiets[22]

Es ist inzwischen auch fraglich geworden, ob und wie weit die Stadt dieses Großprojekt noch selbst finanziell steuern kann. Doch Städte in Deutschland sind einfallsreich, wenn es um ihre Haushalte und Investitionen geht, und Mülheim stellt hier keine Ausnahme dar. Was mit Hinsicht auf die Region als Frage gegenüber der *Ruhrbania* bleibt, ist der Bezug zum Kontext. *Ruhrbania* verdeutlicht die Schwierigkeit, das Ruhrgebiet und seine Urbanität allein mithilfe der Herstellung klassischer Formen der europäischen Stadt zu „verbessern". Selbst die Re-Urbanisierung folgt im Ruhrgebiet eigenen Mustern; sie ist nicht immer einfach in zentralen Lagen konzentrisch durchzusetzen und weist unzählige räumliche und funktionale Unregelmäßigkeiten und Brüche auf. Schon aufgrund ihrer besonderen Rolle im polyzentralen Gefüge der mehrfach gegliederten Landschaft ist es fraglich, ob sich in den Innenstädten genügend Kraft konzentrieren lässt, um solche Großprojekte urbaner Renaissance überhaupt zu stemmen. Unter den Rahmenbedingungen der Stagnation reicht die Investitionskraft für eine langwierige „Erneuerung-von-Grund-auf" der zentralen Gebiete mit großflächigen Neubauten in Eigenregie der Stadt kaum aus. Inzwischen setzte in Mülheim ein bedeutender Umdenkungsprozess bezüglich der *Ruhrbania* ein. Nach einer ergebnislosen Bewerbung um die Ansiedlung der Sparkassenakademie für das Land Nordrhein-Westfalen wird gar über eine Zäsur im Ansatz der Entwicklung gesprochen: *Ruhrbania* soll im Ansatz und Maßstab mehr der Realität des Mülheimer Immobilienmarktes entsprechend ausgerichtet werden und auf eine teils kleinteiligere Bebauung mit höherem Wohnanteil unter Einbeziehung bestehender Gebäude setzen.

Auch wenn wichtige Neuordnungen zentraler Gebiete, in Mülheim zum Beispiel die Flussanbindung und die Stärkung von Wohnraum, einem sinnvollen Ansatz folgten, konnten sie bislang noch kaum für eine positive Wende in der Innenstadt, geschweige der Stadt selbst sorgen. Umso überraschender sind die unscheinbaren Neugründungen in der Mülheimer Innenstadt, die abseits der durch große Finanzschübe und Stadtpolitik vorgepreschten Projekte passieren. Aus der Sicht des klassischen Innenstadthandels sind es Nischenläden, fast schon urbane Pioniere des Einzelhandels: etwa ein Abend- und Brautmodeladen mit einem ausgefallenen Marketing und Dienstleistungspaketen für Abschlussbälle. Heute betreibt die Besitzerin bereits einen zweiten Laden im inzwischen europaweit wahrgenommenen Brautmodezentrum in Duisburg-Marxloh, weitere Expansionen in Deutschlands Metropolen sind ins Auge gefasst. In der Mülheimer Innenstadt, in der Juweliergeschäfte wegen fehlender Laufkundschaft schließen mussten, ließ sich nun ein Juwelier nieder, der seine Kunden ihren individuellen Schmuck selbst herstellen lässt. Ein Bücherladen mit Lesungen in Clubatmosphäre ist eine weitere derartige Neugründung. Das Urbane scheint längst nicht mehr nur einen physischen Umbau zu benötigen. Statt auf aufwändige Raumoptimierung zu setzen, sollten vorhandene Räume, welche in der bisherigen urbanen Funktion ihre Rolle sowie ihre

Wichtigkeit verloren haben, alternativ genutzt werden. Dirk Haas spricht in diesem Zusammenhang von „ressourcenschonendem Upcycling",[23] wie es unter anderem im bereits erwähnten Duisburg-Marxloh – ohne Abriss oder Neubau – wider jegliche klassische Planungsabsicht entstand. Dies würde allerdings bedeuten, nicht die Stärken zu betonen, sondern die Schwächen wie Leerstände als Potenzial zu nutzen. Durch die Unterstützung urbaner Alternativkonzepte und Unternehmensideen würden zurückgebliebene, wenn auch nicht immer ideale Stadtstrukturen neu belebt. Ein Vorteil dieser auf den Bestand ausgerichteten Strategie läge darin, dass sie trotz der Universalität ihres Ansatzes der regionalen Kohärenz nicht durch Konkurrenzen schadet, da sie, anstatt im limitierten Benchmark von Sparten des klassischen Zentralitätswettbewerbs um Einkaufszentren, Büros und Großinvestoren, für die es im Ruhrgebiet ohnehin derzeit kaum Wachstumsmöglichkeiten gibt, die Möglichkeiten der Revitalisierung breiter auffächert und beinahe jedem Quartier eine zumindest potenzielle, individuelle Karrierechance gibt. Sie würde, begleitend zu physischen Korrekturen des ohnehin unkonventionellen Stadtgefüges – oder anstatt dieser –, nicht nur auf aufwertendem Neubau oder gar Abriss basieren, sondern auf urbanen Praktiken der Kultur, Selbstversorgung sowie Kreativität und Unternehmergeist in den einzelnen Quartieren. Nicht viel anders gedeiht auch die Urbanität in anderen Städten. Natürlich lassen sich bei weitem nicht alle Herausforderungen der misslichen wirtschaftlichen Lage, der besonderen Urbanität und ihrer verfahrenen regionalen wie lokalen Formung im Ruhrgebiet durch experimentelle Labore auf Quartiersebene lösen. Umbauprojekte, auch größere, sind weiterhin nötig, um die Fortentwicklung der Stadtstrukturen und ihre natürliche Anpassung zu fördern. Kleinteilige Inwertsetzungen lassen sich zudem schwieriger greifen und steuern und erzeugen zunächst nur kleine, unscheinbare Mosaikbilder, die nicht immer sofort politisch wirksam präsentabel sind. Aber die „klassischen" Maßnahmen, so gut sie auch durchdacht sind, werden auf lange Sicht nur zusammen mit einem lokal verankerten, inhaltlichen Belebungsaspekt genügend Lebenskraft für sich selbst, ihren Ort und die Agglomeration entfalten können.

ANMERKUNGEN

1 Pahs, Raimund/Frey, Gisela./Butzin, Bernhard: „Siedlungs- und Bevölkerungsentwicklung im Ruhrgebiet". In: Prossek et al.: *Atlas der Metropole Ruhr*. Köln 2009 S. 26–29
2 Vonde, Detlef: *Revier der grossen Dörfer: Industrialisierung und Stadtentwicklung im Ruhrgebiet*. 1. Aufl., Essen 1989
3 Polívka, Jan/Roost, Frank: „Kerne, Adern und Ränder. Siedlungsstruktur des Ruhrgebiets". In: Reicher, Christa et al.: *Schichten einer Region. Kartenstücke zur räumlichen Struktur des Ruhrgebiets*. Berlin 2011, S. 38–79, hier S. 44-45
4 Wehling, Hans-Werner: „Kohle, Eisen Stahl". In: Prossek, Achim et al.: *Atlas der Metropole Ruhr*. Köln 2009, S. 24–25; Polívka, Jan/Roost, Frank, Endnote 3
5 Bleidick, Dietmar: „Die Anfänge der Emschergenossenschaft". In: Peters, Ralf (Hg.): *100 Jahre Wasserwirtschaft im Revier. Die Emschergenossenschaft 1899–1999*. Bottrop/Essen 1999, S. 74–89
6 Schmidt, Robert: *Denkschrift betreffend Grundsätze zur Aufstellung eines General-Siedelungsplanes* [für den Regierungsbezirk Düsseldorf (rechtsrheinisch)]. Essen 2009

7   Ebd.
8   Schürmann, Sandra: „Die Zukunft Recklinghausens, gesehen im Jahr 1936". In: Museum Folkwang, Essen/Lechtreck, Hans-Jürgen (Hg.): *Urbanität gestalten. Stadtbaukultur in Essen und im Ruhrgebiet 1900 bis 2010.* Göttingen 2010, S. 87–94
9   Siehe Vonde, Detlef, Endnote 2, S. 29
10 Kunzmann, Klaus R.: „Welche Zukünfte für Suburbia? Acht Inseln im Archipel der Stadtregionen". In: Brake, Klaus/Dangschat, Jens/Herfert, Günter (Hg.): *Suburbanisierung in Deutschland. Aktuelle Tendenzen.* Opladen 2001, S. 213–222
11 Bogumil, Jörg/Heinze, Jörg G./Lehner, Franz/Strohmeier, Klaus: *Viel erreicht--wenig gewonnen: ein realistischer Blick auf das Ruhrgebiet.* Essen 2012
12 Regionalverband Ruhr (Hg.): *Metropole Ruhr – Facetten einer Region mit Perspektive.* Essen 2013
13 Reicher, Christa: *Kreativwirtschaft und Stadt: Konzepte und Handlungsansätze zur Stadtentwicklung.* Institut für Raumplanung (IRPUD), Blaue Reihe 138, Dortmund 2011
14 Siehe Polívka, Jan/Roost, Frank, Endnote 3, hier S. 76–77
15 Prossek, Achim/Münter, Angelika: 2011. „Handlungsräume und Leitbilder. Räumliche Muster von Regionalisierungen im Ruhrgebiet". In: Reicher, Christa et al. (Hg.): *Schichten einer Region. Kartenstücke zur räumlichen Struktur des Ruhrgebiets.* Berlin 2011, S. 182–214
16 Speer, Alfred: Zur Notwendigkeit eines strategischen Leitbildes für die Regionalentwicklung im Ruhrgebiet AS&P, Deutscher Werkbund 2010. AS&P, Frankfurt 2009; Deutscher Werkbund NRW: Stellungnahme zum Speer-Plan für die Metropole Ruhr. Köln 2010
17 Tönnes, Martin/Wagener, Maria/Regionalverband Ruhr: Ideenwettbewerb Ruhr – Auslobung. Essen 2013
18 Stadt Mülheim a.d.R., 2014. Kernprojekt Ruhrpromenade. Ruhrbania. http://www.ruhrbania.de, 15.09.2014
19 Hussla, Gertrud: „Tricksen, Tarnen – wie Kommunen gegen leere Kassen kämpfen". In: *Handelsblatt*, 2010
20 „Flughafen, Straßenbahn, Kaufhof – zehn Herausforderungen für Mülheim". In: *WAZ*, 02.01.2014, http://www.derwesten.de/wp/staedte/muelheim/flughafen-strassenbahn-kaufhof-zehn-herausforderungen-fuer-muelheim-2014-id8826111.html, 15.09.2014
21 Frey, Deike: „Juweliergeschäft gibt nach 42 Jahren auf". In: *WAZ*, 2013; Frey, Deike: „Traditionsgeschäft schließt nach 45 Jahren". In: *WAZ*, 2014; „Flughafen, Straßenbahn, Kaufhof – zehn Herausforderungen für Mülheim", Endnote 20
22 Reicher, Christa et al. (Hg.): *Schichten einer Region – Kartenstücke zur räumlichen Struktur des Ruhrgebiets.* Berlin 2011, Abb. S. 56–57, S. 76–77, S. 232–233
23 Haas, Dirk: „Labor auf Lebenszeit. Für einen Urbanismus der Amateure". In: Aßman, Katja/Crepaz, Lukas/Heilmeyer, Florian (Hg.): *Urbane Künste Ruhr. Arts in Urban Space 2012–13. Ruhrgebiet.* Berlin 2014, S. 30–37

VON DAMPFENDEN SCHLOTEN ZU MAGISCHEN ERLEBNISLANDSCHAFTEN

Klaus Ronneberger

In der *Frankfurter Zeitung* vom 18. März 1926 fasst der österreichische Schriftsteller Joseph Roth seine Eindrücke über das Ruhrgebiet wie folgt zusammen: „Eine große Stadt hat Zentren, Straßenzüge, verbunden durch den Sinn einer Anlage, sie hat Geschichte, und ihre nachkontrollierbare Entwicklung ist beruhigend. Sie hat eine Peripherie, eine ganz entscheidende Grenze, sie hört irgendwo auf und läuft in Land über. Hier aber ist ein Dutzend Anfänge, hier ist ein dutzendmal Ende. (…). Wozu hier Essen, da Duisburg, Hamborn, Oberhausen, Mülheim, Bottrop, Elberfeld, Barmen? Wozu so viele Namen, so viele Bürgermeister, so viele Magistratsbeamte für eine einzige Stadt? Zum Überfluss läuft noch in der Mitte eine Landesgrenze. Die Bewohner bilden sich ein, rechts Westfalen, links Rheinländer zu sein. Was aber sind sie? Bewohner des Rauchlands, der großen Rauchstadt, Gläubige des Rauchs, Arbeiter des Rauchs, Kinder des Rauchs.
Es ist, als wären die Bewohner der Städte weit zurück hinter der Vernunft und dem Streben der Städte selbst. Die Dinge haben einen besseren Zukunftsinstinkt als die Menschen. Die Menschen fühlen historisch, das heißt rückwärts. Mauern, Straßen, Drähte, Schornsteine fühlen vorwärts. Die Menschen hemmen die Entwicklung. Sie hängen sentimentale Gewichte an die beflügelten Füße der Zeit. Jeder will seinen eigenen Kirchturm. Indessen wachsen die Schornsteine den Kirchtürmen über die Spitze."[1]
Soviel zur Vergangenheit des Reviers. Als zweite Impression ein Auszug aus der *Süddeutschen Zeitung* vom 9. Oktober 2013: „Wann immer Fotografen das Klischee

vom alten Ruhrgebiet mit dampfenden Schloten bedienen wollten, fuhren sie nach Duisburg-Bruckhausen in die Dieselstraße. Der Blick durch die Gasse bot alles, was dazugehört: graubräunliche Fassaden, schmutziger Asphalt und ein kleines Stück Himmel, das von einem steil aufragendem Hochofen fast vollkommen verdeckt ist. Dieser Hochofen 4 von Thyssen-Krupp war wohl das meist fotografierte und gefilmte Industriedenkmal seiner Art. Vor allem auch wegen Götz George. Mehr als einmal rannte er als *Tatort*-Kommissar Schimanski durch die Dieselstraße. Doch das ist Geschichte. Der Stahlindustrie geht es so schlecht wie lange nicht mehr. Der Thyssen-Krupp-Hochofen 4 hat längst ausgedient, sein Abriss wurde vor einem Jahr beschlossen. Inzwischen ist er demontiert und Schimanski einer seiner schönsten Kulissen beraubt. Doch Schimanski ohne Stahlromantik wäre wohl kaum vermittelbar. Und so machten sich die TV-Regisseure anderswo auf die Suche nach einer passenden Szenerie. Den Duisburgern kommt die neue Schimanski-Episode sehr gelegen. Einige haben längst erkannt, dass sich mit der Kultfigur gut Geld verdienen lässt. Sightseeingtouren rund um die Schimanski-Drehschauplätze sind Wochen im Voraus ausgebucht."[2]

Dabei waren die Reaktionen der Stadtpolitiker auf den ersten Schimanski-*Tatort* von 1981 vernichtend ausgefallen: Er sei eine Schande für das ganze Ruhrgebiet. Noch Ende der 90er Jahre wehrte sich die Stadt Duisburg gegen die „apokalyptische Zeichnung" eines *Tatort*-Krimis. Der Streifen schickte den legendären Hauptkommissar durch triste Straßenzüge, verlassene Fabriken und abbruchreife Siedlungen. Mit der Begründung, dass solche Bilder „fatale Auswirkungen auf das Image der Stadt" hätten, stellte der damalige Bürgermeister im Stadtparlament den Antrag, die Zusammenarbeit mit dem verantwortlichen *Westdeutschen Rundfunk* aufzukündigen.[3] Doch solche Aufregungen haben sich inzwischen gelegt. Sogar die Benennung einer bislang namenlosen Straße in „Schimmi-Gasse" ist im Gespräch.

SCHWERINDUSTRIE UND STÄDTEBILDUNG

Bis zum frühen 19. Jahrhundert war das Ruhrgebiet eher dünn besiedelt, überwiegend dörflich-agrarisch geprägt, mit versprengten Bauerndörfern, Klöstern und Herrensitzen. Doch mit der einsetzenden industriellen Kohlegewinnung und Erzverhüttung entwickelte sich der Raum zwischen Ruhr, Emscher und Lippe zur „Kohlelager-Stadt" Europas und zur größten Agglomeration des alten Kontinents.[4] Das Königreich Preußen, dem diese Region seit 1815 angehörte, förderte massiv den Industrialisierungsprozess.

Produktionssteigerungen in den Montanindustrien waren primär durch Belegschaftswachstum zu erreichen. Da der Bedarf an Arbeitskräften bald nicht mehr aus dem regionalen Raum zu decken war, rekrutierte man nach der Reichsgründung 1871 Arbeiter aus Schlesien und Masuren – die sogenannten Ruhrpolen. Insgesamt wuchs zwischen 1815 und 1914 die Einwohnerschaft im Ruhrgebiet um das 50-fache.[5]

Die demografische Dynamik vor Ort war mit großen strukturellen Verwerfungen verbunden: Es gab enorme Ungleichgewichte in den Berufs- und Sozialmilieus, die industriellen Zeit- und Arbeitsrhythmen der Großbetriebe kollidierten mit den agrarischen Herkunftswelten der Arbeitsmigranten. In den Städten und Gemeinden des Reviers lag der Arbeiteranteil oft bei über 60 Prozent und die Arbeitsplätze waren fast durchgehend männlich dominiert. Tertiäre Bereiche wie Handwerk, Handel, private Dienstleistungen konnten sich nur mühsam entwickeln. Als Folge davon bildete sich sehr zögerlich eine schwach bleibende Mittelschicht heraus.[6]

Die hohe Konzentration von Arbeitermassen setzte die städtischen Verwaltungen unter einen hohen organisatorischen und planerischen Handlungsdruck. Zunächst blieb die Bewältigung krisenhafter Lebensumstände wie Krankheit oder Armut meist der solidarischen Arbeiterselbsthilfe oder der bürgerlichen Philanthropie bzw. kirchlichen Caritas überlassen.[7] Zudem konnten die Kommunen den Neuankömmlingen nicht genügend Wohnraum anbieten. Die Fabrikbesitzer mussten deshalb initiativ werden und in den Siedlungsbau investieren, um vor allem Facharbeiter an ihre Betriebe zu binden. Infolgedessen kam es im Ruhrgebiet zu einer der höchsten Konzentrationen von Werkswohnungen in Europa.[8] Doch eine marktkapitalistische Stadtproduktion, wie beispielsweise in den USA, war ab Mitte des 19. Jahrhunderts in Preußen-Deutschland nicht mehr praktizierbar. Mehr und mehr griffen staatliche und kommunale Institutionen in die Organisation des städtischen Alltags ein.[9]

Bergbau- und Hüttenwesen produzierten eine neue Industriestadtlandschaft. Dafür waren vor allem die riesigen Kohleflöze verantwortlich zu machen, die zu einer großflächigen Erschließung der Lagerstätten führten. So entstand ein weit gespanntes Netz aus einer Vielzahl von Abbaustandorten, um die sich die Arbeiterschaft jeweils konzentrierte. Entsprechend verteilte sich die Bevölkerung im Revier polyzentral. „Wie sonst nirgendwo in Kontinentaleuropa verlief dieser Prozess ungeplant. Und nirgendwo war deshalb die siedlungstheoretische Frage so berechtigt wie zwischen Ruhr und, vor allem, Emscher und Lippe, ob sich hier Städte oder eine Stadt entwickelte. Das rheinisch-westfälische Industriegebiet blieb Agglomeration – von Industriefabriken, Verkehrswegen, Häusern, Koloniesiedlungen, ohne hervorragende Zentren, mit eher dörflichen Kernen. Und das geschah in einer Periode, als Paris, London und gerade auch Berlin weltstädtisch wurden."[10]

Diese spezifische Stadtentwicklung erweckte bei vielen Zeitgenossen den Eindruck eines chaotisch verlaufenden Urbanisierungsprozesses. Tatsächlich standen die von der Montanindustrie hervorgebrachten Siedlungsformen konträr zu herkömmlichen Vorstellungen eines „organischen" Stadtwachstums. Sie waren Laboratorien einer neuartigen Agglomerationsform, in denen sich „protofordistische" Organisationsmodelle entwickelten: „Raumorientierte Problemdefinition, raumübergreifende technische Netzwerke und weit in den Raum greifende Großprojekte. Vor allem im

Ruhrgebiet war der Weg in die Moderne, der Weg vom lokalen Pragmatismus zu kreativen Raumlösungen nach einem ‚großen Plan', schon vor 1914 unumkehrbar."[11] Die negativen Aspekte der montanindustriellen Städtebildung lassen sich wie folgt zusammenfassen: rücksichtslose Ausbeutung des Bodens und seiner Ressourcen, eine schwerindustrielle Prägung des Raums und dessen völlige Zersiedlung, gestaltlos wuchernde Konglomerate von Arbeits- und Wohnstädten. Bis heute bestimmen die gravierenden Folgen dieser „defizitären Urbanisierung" das Erscheinungsbild vieler Städte im Ruhrgebiet.[12]

DIE LANGANHALTENDE KRISE DES RUHRGEBIETS

Spätestens zu Beginn des Ersten Weltkrieges war die industrielle Erschließung des Reviers abgeschlossen. Neben der Montanindustrie (Kohle und Erz) konnten sich andere Branchen wie Maschinenbau, Elektronik und Feinmechanik nur schwer durchsetzen. Schon damals stellte das Ruhrgebiet keine breit gefächerte Industrieregion dar, sondern „war abgeschnitten von langfristigen technologischen Innovationen und ihren Auswirkungen auf den sektoralen Strukturwandel, von der Entwicklung des Dienstleistungsbereichs, den es vor der Industrie gab und der sie überdauern und überwinden sollte".[13]

Nach dem Zusammenbruch des Deutschen Kaiserreichs 1918 geriet die autoritäre Betriebspolitik der „Kohle- und Schlotbarone" zunächst in die Defensive. Doch die Forderungen nach einer Sozialisierung des Ruhrbergbaus konnten abgewehrt und die Etablierung eines Rätesystems durch das Militär verhindert werden. Allerdings entstanden im Gefolge dieser Auseinandersetzungen bestimmte Kooperationsformen zwischen Kapital und Arbeit. Damit ließ sich einerseits die Unternehmerwillkür einhegen, andererseits erfuhr der Montansektor eine tatkräftige Unterstützung durch die öffentliche Hand mittels Subventionen und steuerähnlicher Aufschläge. Und dies angesichts der Tatsache, dass bereits gegen Ende der 1920er Jahre ausländische Importkohle wesentlich billiger war und ein Ende des Ruhrkohlebergbaus sich schon damals abzuzeichnen schien. Doch nicht zuletzt aus rüstungspolitischen Erwägungen stärkten die politisch Verantwortlichen die montanindustriellen Strukturen nachhaltig. In der Zwischenkriegszeit zählte die rheinisch-westfälische Schwerindustrie neben der Landwirtschaft zu den am meisten staatlich begünstigten Wirtschaftsbranchen.[14]

Nach dem Zweiten Weltkrieg wurde im kriegszerstörten Deutschland Kohle für den Wiederaufbau dringend benötigt. Das Ruhrgebiet etablierte sich zum schwerindustriellen Herzen der Bundesrepublik. Doch damit versäumte das Revier erneut den Anschluss an modernere Wirtschaftsstrukturen. Die Repräsentanten des montanindustriellen Komplexes konnten bruchlos an die Subventionspolitik der Zwischenkriegszeit anknüpfen. Als Ausgleich für die Demontage durch die Siegermächte erhielten die Unternehmen Zuschüsse und Kredite. Auch die Arbeitnehmervertreter setzten sich im Rahmen der 1951 gesetzlich eingeführten Mitbestimmung erfolgreich für die Stärkung der Montanindustrie ein.[15]

In der Öffentlichkeit wurde damals die nationale Bedeutung des Ruhrgebiets immer wieder hervorgehoben. Nicht verwunderlich, dass sich die regionale politische Kultur durch ein wachsendes Selbstbewusstsein auszeichnete. Doch die Verbundenheit mit der sehr spezifischen Industriekultur hatte ihre Schattenseiten. In den Großbetrieben des Reviers blieben proletarische Arbeits- und Lebensbedingungen und entsprechende Deutungsmuster länger erhalten als in anderen Teilen der Republik. Insofern ließ sich eine wachsende Ungleichzeitigkeit zur allgemeinen westdeutschen Modernisierungsdynamik beobachten. Galt das „Land der tausend Feuer" noch in den 1950er Jahren mit dem höchsten Bruttosozialprodukt pro Einwohner als Lokomotive des deutschen „Wirtschaftswunders",[16] so geriet die Region in den folgenden Jahrzehnten immer tiefer in eine Strukturkrise. Mit der Herausbildung neuer Produktions- und Branchenstrukturen kam es innerhalb des bestehenden Städtesystems zu einer Verschiebung der regionalen Wachstumsschwerpunkte. Das Ruhrgebiet verdankte seine herausragende Rolle vor allem den Kohlezechen und Hüttenstandorten, doch nach dem Zweiten Weltkrieg verlagerten sich die führenden Industriesektoren vom Energie- und Stahlbereich auf die Verarbeitungs- und Investitionsgüterindustrie.[17] Das Revier erfuhr einen massiven Deindustrialisierungsprozess, der in mehreren Schüben zunächst den Kohlebergbau und später die Stahlbranche erfasste. Weitgehend abgekoppelt vom gesamtwirtschaftlichen Wachstums- und Beschäftigungstrend der Bundesrepublik, entwickelte sich die Region zu einem der Krisengebiete der Nation. Zwar war das Ruhrgebiet weiterhin Zentrum der Montanindustrie, ökonomisch gesehen handelte es sich um keine einheitliche Region mehr. Ab den späten 1990er Jahren spielte der Bergbau in den historisch zuerst industrialisierten Städten wie Essen, Bochum oder Dortmund keine Rolle mehr.[18]

Die Entwicklungsprobleme des Ruhrgebiets blieben aber nicht auf den Bereich der Montanindustrie beschränkt, sondern auch der Hightech-Bereich und andere Wachstumsbranchen lagen deutlich unter dem Bundesdurchschnitt. In den 80er und 90er Jahren versprach sich die Politik von der Einrichtung neuer Technologie- und Gründerzentren wichtige Impulse für die Modernisierung der Region. Doch von diesen staatlich subventionierten Projekten profitierten lediglich einige Unternehmen, aber nicht die lokale, „altindustrielle" Erwerbsbevölkerung. Trotz aller Anstrengungen gelang es den ehemaligen Montan-Standorten nicht, mit der Ansiedlung von Dienstleistungsunternehmen den Stellenabbau in den traditionellen Branchen auch nur annähernd zu kompensieren.[19]

Der sogenannte Strukturwandel in der Region ist noch lange nicht beendet. Heinrich Blotevogel, emeritierter Professor für Raumordnung und Landesplanung an der Universität Dortmund, kommt zu dem Schluss, dass das Ruhrgebiet heute keine

Industrieregion mehr darstellt: Die Zahl der Industriearbeitsplätze auf 1000 Einwohner ist im Münsterland oder im Sauerland größer als im Revier. Der Norden des Ruhrgebiets hängt dieser Entwicklung etwas nach, weil es dort noch Zechen gibt. Auf jeden Fall haben Blotevogel zufolge die Politiker in Bund und Land zu lange an der Kohle festgehalten. Nach den bisherigen Plänen soll 2018 aber endgültig Schluss sein mit den letzten Zechen an der Ruhr.[20]

DAS RUHRKARTELL UND DIE BEDEUTUNG REGIONALER MILIEUS

Offensichtlich hängt die Frage der „Zukunftsträchtigkeit" von Unternehmen nicht nur von ihrer Zugehörigkeit zu einer bestimmten Branche ab, sondern wird auch von ihrer Einbindung in ein spezifisches regionales Milieu entschieden. Hat sich eine Region aufgrund bestimmter historischer Umstände auf einen Wirtschaftsbereich spezialisiert, so können die dominanten regionalen Kräfte eine Korrektur oder ein Verlassen dieses Entwicklungspfades blockieren bzw. verhindern. Ein Umschwenken ist vielfach erst dann möglich, wenn die Hegemonie dieses Milieus durch krisenhafte Prozesse brüchig wird.[21]

Im Fall des Ruhrgebiets entwickelte sich ab Mitte des 19. Jahrhunderts ein industrielles Regionalmilieu, dass auf eine Massenproduktionslogik und eine Steigerung der Produktionskapazitäten ausgerichtet war. Dafür mussten die verschiedenen Funktionsbereiche wie Kohleproduktion, Roheisen- und Stahlerzeugung möglichst effektiv integriert werden. Als passende Organisationsformen bildeten sich Syndikate und Kartelle sowie Großunternehmen heraus, die die Produktion von Kohle, Eisen und Stahl in einer Hand vereinigten und bald das ganze Revier beherrschten. Die Kartelllandschaft im Ruhrgebiet wies folgende Charakteristika auf: ökonomische Dominanz von Großunternehmen, zu denen die Zulieferindustrie in nahezu feudalen Abhängigkeitsbeziehungen stand, eine auf Großtechnologie orientierte Technikkultur, die Reduktion der Siedlungsstrukturen auf die Funktion eines Standorts großtechnischer Produktions- und Transportsysteme sowie eine korporatistische Konsensmentalität.[22]

Nach 1945 wurden die traditionellen Produktionsstrukturen der Montanindustrie mit staatlicher Hilfe reaktiviert und dank des Nachkriegsbooms schien sich der Kohle-Stahl-Komplex zu stabilisieren. Erst als die Kohlehalden beständig anwuchsen und im September 1959 mehr als 50.000 Bergleute mit schwarzen Fahnen und Spruchbändern („Trotz Wirtschaftswunder: Kumpel in Not") nach Bonn marschierten, trat die in der Zwischenkriegszeit verdrängte Einsicht über die strukturellen Probleme des Montansektors wieder ins Bewusstsein.[23]

Typisch für das Revier waren nicht nur die Kartellmentalität und die starren Organisationsstrukturen der übermächtigen Trusts, sondern auch der berüchtigte politische Filz zwischen Konzernen, Gewerkschaften und Sozialdemokraten, die die Gemeinden des Reviers wie „kommunalpolitische Fürstentümer" regierten.[24] Da alle Städte auf die gleichen Wachstumssektoren und Zukunftstechnologien fixiert waren, führte diese Ausrichtung dazu, dass ein Kirchturmdenken aufblühte und die Städte eine gnadenlose Konkurrenzpolitik um ähnliche Projekte und Einrichtungen betrieben.

Lange Zeit verhandelten die regionalen Akteure den Niedergang des Reviers als eine vorübergehende Krise. Die Mitglieder des Elitenkartells versuchten mit aller Kraft die Montanindustrie im Ruhrgebiet zu erhalten. Über institutionelle Ausschlussmechanismen, insbesondere die „Bodensperre" für andere Industrien, und die Kontrolle des Arbeitsmarktes wurde das Eindringen moderner Betriebe erschwert, wenn auch nicht verunmöglicht. Dafür steht unter anderem die Ansiedlung von Opel in Bochum – ein Standort, der gerade „abgewickelt" wird. Auf jeden Fall hat die regionale Konsenskultur den Niedergang des Montanzeitalters überdauert und zeigt bis heute ihre Wirkkraft.

SOZIAL-RÄUMLICHE FOLGEN DER STRUKTURKRISE

Die demografische Entwicklung im Ruhrgebiet folgt zwar grundsätzlich den vorherrschenden Mustern in der Bundesrepublik, allerdings gibt es eine Reihe von abweichenden Indikatoren: Auffallend sind ein stärkeres Schrumpfen der Bevölkerung, stärker sinkende Geburtenraten und ein höherer Anteil von Alten sowie eine überdurchschnittliche Konzentration von Menschen mit Migrationshintergrund. Nimmt man die amtliche Armutsgrenze von 750 Euro Pro-Kopf-Einkommen zum Maßstab und legt die Schwelle für „armutsnahe" Lebenslagen auf ein Einkommen von 1000 Euro im Monat, dann „lebt beispielsweise in Städten wie Gladbeck oder Herten ein Drittel der Kinder und Jugendlichen unter 18 Jahren in Armut und ein weiteres Drittel im armutsnahen Einkommensbereich, das heißt, zwei Drittel des Nachwuchses wachsen in den Städten des Ruhrgebiets in Armut oder in prekären Lebenslagen auf! Das Armutsrisiko von Migranten, deren Anteil an den jungen Altersgruppen stetig zugenommen hat, ist dabei noch deutlich größer als das der deutschen Kinder und Jugendlichen."[25] Das Phänomen der „schrumpfenden Städte" im Ruhrgebiet ist also von einer wachsenden sozialen Ungleichheit begleitet: „In den größeren Städten lebt über ein Drittel der Kinder unter sechs Jahren von Sozialleistungen nach SGB II, also von staatlichen Transfereinkommen, die an Langzeitarbeitslose oder an Personen gezahlt werden, die nie erwerbstätig gewesen sind! (…) Die kleinräumige soziale und demografische Segregation hat in den letzten Jahren zugenommen, die ethnische hat nicht abgenommen, besonders beim türkischen Bevölkerungsteil hat sie zugenommen. Das heißt, die (schrumpfende) Stadtgesellschaft rückt bei zunehmender Polarisierung sozialer Lagen immer weiter auseinander."[26]

Auch die Studien des Paritätischen Wohlfahrtsverbandes kommen zu dem Ergebnis, dass das Ruhrgebiet inzwischen eine der größten Problemregionen in Deutschland darstellt. Sowohl die Arbeitslosenquote, der Anteil der Hartz-IV-Bezieher als auch die Quote der „Armutsgefährdung" liegen im Revier deutlich über dem Landes- und dem Bundesdurchschnitt.[27]

In früheren Jahrzehnten war der Arbeitsplatzverlust im Ruhrgebiet für die meisten Betroffenen noch nicht mit Armut und sozialem Abstieg verbunden. Dies hat sich spätestens seit den 1980er Jahren grundlegend verändert. Wachsende Arbeitsmarktrisiken bei gleichzeitig sinkenden Transferleistungen haben dazu geführt, dass ein wachsender Teil der Bevölkerung unter die Armutsgrenze fällt oder nahe an sie herankommt. Die subalternen Klassen werden gerade im Ruhrgebiet nicht mehr durch den Beschäftigungsstatus (Arbeiter und Angestellte mit geringer Bildung) definiert, sondern durch Arbeitslosigkeit oder bestenfalls prekäre Beschäftigung.

Von den Strukturproblemen ist besonders das nördliche Ruhrgebiet betroffen. So lag Ende 2010 die Arbeitslosenquote in Gelsenkirchen bei über 14 Prozent, in Dortmund bei 12,8 Prozent und in Essen bei 12 Prozent (zum Vergleich: Nordrhein-Westfalen 8,4 Prozent, Bundesrepublik 7,2 Prozent).[28] Eine reißerisch gehaltene Sinus-Studie spricht gar von einer Transformation des Reviers zum „Schmelztiegel des neuen Prekariats": Demnach müsse man zukünftig von einem „verarmten Bodensatz" ausgehen, der bis zu 40 Prozent der städtischen Bevölkerung umfasse.[29]

METROPOLENDISKURS UND KULTUR

Der unaufhaltsame Weg zum Strukturwandel scheint *das* Stereotyp des Ruhrgebiets über sich selbst zu sein. So sprach vor einigen Jahren der ehemalige NRW-Minister Christoph Zöpel von der kommenden „Weltstadt Ruhr". Tatsächlich ist das Ruhrgebiet der größte Wirtschafts- und Ballungsraum Deutschlands. Doch kann man deshalb bereits von einer *Global-City*-Struktur sprechen? Die Region ist zwar in bestimmten transnationalen Netzen integriert, aber ob sie einen wichtigen Knotenpunkt in der globalen Zitadellen- und Finanzökonomie bildet, bleibt eher zweifelhaft.

Dennoch unternehmen die Akteure im Ruhrgebiet große Anstrengungen, den Raum als Metropolregion zu präsentieren. Dafür lässt sich unter anderem die Kulturhauptstadtbewerbung für das Jahr 2010 anführen. Zunächst eine grundsätzliche Anmerkung: Heute gilt Kultur als wichtiger Standortfaktor und ist insofern gleichermaßen in der „Ökonomie der Aufmerksamkeit"[30] wie in der Realwirtschaft verankert. In Deutschland nahm in dieser Hinsicht das Land Nordrhein-Westfalen eine Pionierrolle ein. Bereits Anfang der 1990er Jahre brachte das Institut für Raumplanung (Dortmund) eine Studie über die Bedeutung der „Kulturwirtschaft in der Stadt"[31] heraus.

Die nachhaltige finanzielle und administrative Unterstützung des Konsum- und Freizeitsektors durch die NRW-Landesregierung gilt als wichtiger Bestandteil eines Modernisierungsprogramms, mit dessen Hilfe die altindustriellen Regionen den Anschluss an das Tertiärzeitalter finden sollen. Ganz im Sinne der neuen Event-Kultur vermarktet sich das Ruhrgebiet als „magische Erlebnislandschaft" (sic) mit Warner Bros. Movie World in Bottrop oder Musical-Theater-Programmen.[32] Auch die Inszenierung der „Industriearchäologie", zweifellos das wichtigste touristische Alleinstellungsmerkmal der Region, dient diesem Zweck. Eine 400 Kilometer lange „Route der Industriekultur" verbindet mehr als 900 Objekte miteinander: „kulturell umgenutzte Betriebsgebäude, mit Kunstwerken möblierte Deponien und Abraumhalden, denkmalgeschützte Werksiedlungen sowie Industriemuseen."[33]

Bestandteil dieser Kulturalisierungsstrategie war auch die erfolgreiche Bewerbung der Revierstädte als Kulturhauptstadt. Ursprünglich sollte die Kulturstadt-Bewegung den noch schwach ausgeprägten Identitätsgedanken in Europa stärken. In den ersten Jahren konzentrierten sich die Titelträgerinnen, darunter so kulturell bedeutsame Städte wie Florenz und Paris, in ihren Programmen weitgehend auf Beiträge zur Hochkultur, die im Rahmen eines Sommerevents präsentiert wurden. Nur in begrenztem Maße nutzten die Stadtregierungen die Kultur im Sinne einer städtischen Profilbildung.

Ein wichtiger Paradigmenwechsel erfolgte zu Beginn der 1990er Jahre. Die krisengeschüttelte Industriemetropole Glasgow hatte sich mit einem neuartigen Konzept erfolgreich für die Kulturstadt Europas beworben, das weniger auf die Inszenierung hochkultureller Events setzte, sondern vor allem Impulse für eine städtische Regeneration geben wollte. Man versuchte die gesamte Bandbreite kultureller Angebote abzudecken und die Lebensqualität der Stadt durch architektonische und infrastrukturelle Maßnahmen nachhaltig zu erhöhen. Das als erfolgreich bewertete Konzept Glasgows wurde im Gefolge von zahlreichen anderen Kulturstädten teils aufgegriffen, teils zugunsten verwandter Formen modifiziert.

Der gemeinsame Nenner besteht vornehmlich in dem Ziel, das Image der jeweiligen Stadt zu verbessern und die Umsatzzahlen des Stadttourismus zu erhöhen. Von der Politik der „großen Ereignisse" erhofft man sich einen „Lokomotiven-Effekt", der den örtlichen „Filz" und bestehende Selbstblockierungen aufsprengen soll. Grundsätzlich verlaufen die Bewerbungsstrategien nach folgendem Muster: Zunächst programmatische Ausrichtung der Stadtverwaltung und der Kulturverantwortlichen im Sinne eines „unternehmerischen Geistes", dann Umschreibung der lokalen Historie mithilfe von Imagekampagnen und öffentlichkeitswirksamen Prestigeprojekten, schließlich Neuerfindung der Stadt als Kapitale des Spektakels.[34]

Auch die Kulturhauptstadt-Akteure im Ruhrgebiet koppelten das Projekt eng an einen Identitätsdiskurs und benannten zugleich das Ziel der angestrebten Transformation – nämlich „Metropole Ruhr". Fritz Pleitgen, Geschäftsführer der RUHR.2010 GmbH wollte endlich vom „völlig veralteten Image des Ruhrgebiets" loskommen und schwärmte von „German New York".[35] Zudem behauptete das Kulturhauptstadtmarketing allen Ernstes, dass die Boheme des 21. Jahrhunderts gerade die Metropole Ruhr für sich entdeckt habe.[36] Doch das Revier ist eben nicht New York oder London, sondern Gladbach, Bottrop und Herne. Eine Stadtlandschaft, in der die Straßenbahnen der elf lokalen Verkehrsunternehmen an den jeweiligen Stadtgrenzen anhalten müssen, weil die Schienenbreiten – wie vor 100 Jahren – nicht identisch sind.[37]

Das Ruhrgebiet als Metropolregion auszuweisen, war in der Vergangenheit nicht unumstritten. Vor mehr als zehn Jahren diagnostizierte Karl Ganser, Geschäftsführer der Internationalen Bauausstellung Emscher Park (IBA), die zwischen 1989 und 1999 den regionalen Strukturwandel maßgeblich mit begleitete, dass niemand im Ruhrgebiet „Lust auf Metropole habe".[38] Im Modernisierungsdiskurs der IBA („Wandel ohne Wachstum"), der ein differenziertes Bild von den Zukunftschancen der Region entworfen hatte, galt das Ruhrgebiet zwar als Modell für die zukünftige Stadt – sprich polyzentrisch und dezentral, aber nicht metropolitan.[39]

Doch im darauffolgenden Jahrzehnt verschwand dieses Leitbild in der Versenkung. Gerade die Kulturhauptstadt-Aktionen versuchten das Bild von der „Metropole Ruhr" zu beschwören. Exemplarisch stand dafür die Besetzung des Autobahnraumes durch die Bewohner aller Ruhrgebietsstädte. Das Menschenband auf der Autobahn sollte die Einheit und Stärke der „metropolitanen Region" symbolisieren. Auch den Mythos eines speziellen Menschenschlags im Revier versuchte die Kampagne zu kultivieren. Typisch dafür war die Auftragshymne von Herbert Grönemeyer zum Kulturhauptstadtjahr: „Wo man gleich den Kern benennt und das Kind beim Namen nennt. Von klarer, offener Natur, urverlässlich, sonnig stur – das ist die Ruhr." Kurz, im Pott leben Menschen, die keine „Weicheier" sind. Mit solchen Zuschreibungen wurden indes genau jene Bilder über das Revier produziert, mit denen die Kulturhauptstadtstrategen eigentlich aufräumen wollten. Insofern ist die Region noch immer in ihrer Geschichte gefangen.

DAS „NEUE RUHRGEBIET": BEISPIEL OBERHAUSEN

Das „Neue Ruhrgebiet" setzt sich, vereinfacht gesprochen, aus Logistik, dem industriekulturellen Erbe und „postmodernen" Erlebniswelten wie dem CentrO in Oberhausen zusammen.[40] Dieses Projekt, an dem sich die öffentliche Hand finanziell stark beteiligte, gilt als gelungenes Beispiel des Strukturwandels und als touristische Attraktion des Reviers. Die Eröffnung der Shoppingmall gab gewissermaßen den Startschuss für ein neues Stadium der Städtekonkurrenz, die im Ruhrgebiet eine regelrechte „Shoppingcenter-Invasion" auslöste.

Gerade Oberhausen stellte einen der Krisenorte in der Region dar. Die Stadt musste mit dem Niedergang der Montanindustrie den Verlust von 40.000 Arbeitsplätzen hinnehmen, der zu einem starken Anstieg von Sozialhilfeempfängern und einer Abnahme der Wohnbevölkerung führte. Nach und nach schlossen Fabriken und

Zechen, die als entvölkerte Industriebrachen den städtischen Raum zusehends in ein Wüstenei verwandelten. „Eine große Depression legte sich wie Mehltau auf die Gemüter der Stadt, eine Stimmung wie zur Weltwirtschaftskrise."[41]

Verzweifelt suchte die Kommune nach wachstumsträchtigen Branchen, die nicht nur in der Lage waren neue Arbeitsplätze zu schaffen, sondern zugleich durch eine Inwertsetzung der alten Industrieareale eine bislang verhinderte Urbanität zu ermöglichen.[42] Wie viele andere Orte im Ruhrgebiet, verfügte Oberhausen nicht über ein historisch gewachsenes Zentrum, den geografischen Mittelpunkt bildete vielmehr ein Stahlwerk von Thyssen, das 1987 endgültig dicht machte. Aus der Sicht der städtischen Administration stellte die Fläche, die nun als riesiger Fremdkörper das Weichbild der Stadt bestimmte, ein echtes Problemgebiet dar, das unbedingt einer neuen Nutzung zugeführt werden musste.[43]

Nach dem Scheitern der Pläne für ein gigantisches „World-Tourist-Center" Ende der 80er Jahre erhielt mit einem deutlich bescheidener ausfallenden Nachfolgeprojekt der englische Investor Ed Healy den Zuschlag, der sich bereits mit der Umwandlung eines ehemaligen Stahlwerksgeländes bei Sheffield zu einer Shoppingmall einen Namen gemacht hatte. Im September 1996 öffnete schließlich als Herzstück der „Neuen Mitte Oberhausen" das CentrO mit 70.000 Quadratmeter Verkaufsfläche seine Pforten. Inzwischen haben sich um die Anlage noch weitere touristische Attraktionen wie Kino, Aquarium, Musical-Theater angesiedelt.

Die politisch-administrative Durchsetzung des CentrO-Projekts gestaltete sich recht eigenwillig. Um schon im Vorfeld mögliche Widerstände auszuschließen, versuchte der damalige Oberstadtdirektor den üblichen Amtsweg auszuschalten und behandelte über lange Zeit die Angelegenheit als Chefsache. Mithilfe einer kommunalen Verwaltungsreform („Rathaus ohne Ämter") und der Neuschaffung von Gremien, die ganz auf die Person des Politikers zugeschnitten waren, ließen sich bestehende Hierarchiestrukturen umgehen. Gleichzeitig kamen neuartige Verfahrensweisen bei der Planung zum Einsatz, die eine weitgehende Geheimhaltung des Großprojektes ermöglichten. Für mehr als zwei Jahre blieben die zuständigen politischen Gremien von den Verhandlungen mit den englischen Investoren über die Entwicklung der Thyssen-Fläche völlig ausgeschlossen.[44]

Ursprünglich sollte das Projekt Neue Mitte Oberhausen 10.000 versicherungspflichtige neue Arbeitsplätze einbringen. Die Autoren Walter Brune und Holger Pump-Uhlmann, profunde Kenner der Shoppingmall-Ökonomie, zogen 2009 folgende Bilanz: „In der Summe verloren die drei Oberhausener Stadtteile knapp 4200 Arbeitsplätze. Im gleichen Zeitraum entstanden in der ‚Neuen Mitte' knapp 5460 neue Stellen, davon 2486 im Einzelhandel und 2795 im Dienstleistungssektor. (…). So sind real deutlich weniger als 3000 Vollzeitstellen geschaffen worden, von denen nun die Verluste an Arbeitsplätzen in den vorhandenen Oberhausener Stadtteilen noch abzuziehen sind. (…) Unter Berücksichtigung einer Gewinn- und

Verlustrechnung sind also tatsächlich nur 1260 Arbeitsplätze im Einzelhandel geschaffen worden, davon 600 im Niedriglohnsektor. Bei einer Subventionierung des Projektes mit öffentlichen Mitteln von ca. 470 Millionen Euro ist dies alles andere als eine gute Bilanz. In dieser Berechnung ist der Verlust an Arbeitsplätzen in den Nachbarstädten, der durch das Projekt insbesondere in Dinslaken, Mülheim und Bottrop zu beklagen war, nicht einmal berücksichtigt. (…) In der gesamten Arbeitsplatzbilanz ist also trotz gigantischer Subventionen nicht mehr als ein ‚Nullsummenspiel' geschaffen worden."⁴⁵

Obgleich die Sanierung der Oberhausener Haupteinkaufsstraße als Kompensation für die „Mega-Mall" mit fast 22 Millionen durch die öffentliche Hand subventioniert wurde, hat sich das Zentrum eher zur innerstädtischen Peripherie entwickelt. Auch der Versuch, durch das Projekt der polyzentrischen Struktur der Stadt eine „neue Mitte" zu geben, gilt als gescheitert. Ihr „fehlt so ziemlich alles, was die Mitte einer Stadt ausmacht. Zwar ist das ‚Centro'– wie der traditionelle Markt der europäischen Stadt – Ort, Ereignis und Funktion zugleich, doch reduziert sich die nach außen hermetisch abgeschottete Innenwelt der Shopping-Mall einzig auf das Konsumerlebnis innerhalb eines Raumes, der Privatbesitz ist. Mit dem äußerst differenzierten räumlichen Beziehungsgeflecht zwischen Öffentlichkeit und Privatheit in unserer traditionellen Stadt lässt sich dieser urbane Abklatsch keineswegs vergleichen."⁴⁶

Auch wenn es verständlich ist, dass die Stadtpolitik angesichts der fortschreitenden Deindustrialisierung verstärkt auf den Konsum- und Unterhaltungsbereich setzt, erweisen sich die Risiken solcher Projekte als erheblich. Die hohe finanzielle Beteiligung der öffentlichen Hand engt den Handlungsspielraum der Kommunen noch weiter ein und liefert die Städte langfristig auf Gedeih und Verderb an die Vorgaben privater Investorengruppen aus. Schließlich erweist sich die propagierte Zurückdrängung staatlicher Eingriffe und die Förderung marktförmiger Mechanismen lediglich als Umschichtung der Subventionsstrukturen: Anstelle von Bergwerken oder Werften alimentiert die öffentliche Hand nun die Erlebnisindustrie.

ANMERKUNGEN

1. Roth, Joseph: „Der Rauch verbindet Städte". In: Ders.: *Trübsal einer Straßenbahn. Stadtfeuilletons*. Salzburg/Wien 2013 [1926], S. 233–237, hier S. 234 ff.
2. *Süddeutsche Zeitung*, 09.10.2013
3. *Frankfurter Allgemeine Zeitung (FAZ)*, 28.03.1999
4. Zöpel, Christoph: *Weltstadt Ruhr*. Essen 2005, S. 51
5. *Neue Zürcher Zeitung (NZZ)*, 21.10.2010
6. Reif, Heinz: „Städte und Städteagglomerationen der Montanindustrie in Deutschland, 1850–1914". In: *Informationen zur modernen Stadtgeschichte*. H. 1, 2005, S. 15–28, hier S. 22
7. Ebd., S. 23
8. Schröteler-von Brandt, Hildegard: *Stadtbau- und Stadtplanungsgeschichte*. Stuttgart 2008, S. 134
9. Siehe Reif, Heinz, Endnote 6, S. 23
10. Siehe Zöpel, Christoph, Endnote 4, S. 52
11. Siehe Reif, Heinz, Endnote 6, S. 27

12 Ebd., S. 25 ff.
13 Siehe Zöpel, Christoph, Endnote 4, S. 52
14 Ebd., S. 62
15 Ebd., S. 63
16 Vgl. Siebel, Walter: „Die Internationale Bauausstellung Emscher Park – eine Strategie zur ökonomischen, ökologischen und sozialen Erneuerung alter Industrieregionen". In: Häußermann, Hartmut (Hg.): *Ökonomie und Politik in alten Industrieregionen Europas. Probleme der Stadt- und Regionalentwicklung in Deutschland, Frankreich, Großbritannien und Italien*. Basel/Boston/Berlin 1992, S. 214–231
17 Ronneberger, Klaus: „Von High-Tech-Regionen lernen?". In: *Jahrbuch Sozialwissenschaftliche Berichterstattung. Schwerpunkt: Technik und Region*. Berlin 1995, S. 19–78, hier S. 22
18 Ronneberger, Klaus/Lanz, Stephan/Jahn, Walter: *Die Stadt als Beute*. Bonn 1999, S. 14 ff.
19 Vgl. Paul, Gerd/Ronneberger, Klaus: „Mit Innovationspolitik zum regionalen Aufschwung?". In: *Jahrbuch Sozialwissenschaftliche Berichterstattung. Schwerpunkt: Technik und Region*. Berlin 1995, S. 79–102
20 *Süddeutsche Zeitung (SZ)*, 31.07.2010
21 Läpple, Dieter: „Zwischen gestern und übermorgen. Das Ruhrgebiet – eine Industrieregion im Umbruch". In: Kreibich, Rolf/Schmid, Arno S./Siebel, Walter/ Sieverts, Thomas/Zlonicky, Peter (Hg.): *Bauplatz Zukunft. Dispute über die Entwicklung von Industrieregionen*. Essen 1994, S. 37–51, hier S. 43
22 Ebd., S. 45 ff.
23 Ebd., S. 37
24 Kunzmann, Klaus: „Das Ruhrgebiet: alte Lasten und neue Chancen". In: *Akademie für Raumforschung und Landesplanung: Agglomerationsräume in Deutschland. Ansichten, Aussichten*. Hannover 1996, S. 112–151, hier S. 132
25 Bogumil, Jörg/Heinze, Rolf/Lehner, Franz/Stromeier, Klaus Peter: *Viel erreicht – wenig gewonnen. Ein realistischer Blick auf das Ruhrgebiet*. Essen 2012, S. 24
26 Ebd., S. 24 ff.
27 Häpke, Ulrich: „Zwischen Armenhaus und Metropolenträumen. Das Ruhrgebiet – eine Region im Umbruch". In: *Kommune*. H. 6, 2012, S. 65–70, hier S. 65
28 Kunzmann, Klaus, siehe Endnote 24, S. 49 ff.
29 Vgl. Schütz, Erhard: „Kumpel, greif zum Imageberater". In: *Freitag*. Nr. 46, 2009, S. 15
30 Frank, Georg: *Ökonomie der Aufmerksamkeit*. München/Wien 1998
31 Vgl. Behr, Vera/Gnad, Friedrich/Kunzmann, Klaus: *Kulturwirtschaft in der Stadt*. Dortmund 1990; Frank, Georg: *Ökonomie der Aufmerksamkeit. Ein Entwurf*. München/Wien 1998
32 Vgl. Ronneberger, Klaus: „Container des 21. Jahrhunderts". In: Kölner Kunstverein (Hg.): *out of space*. Koblenz 2000, S. 29–38
33 Bogumil, Jörg/Heinze, Rolf/Lehner, Franz/Stromeier, Klaus Peter, siehe Endnote 25, S. 66
34 Vgl. Ronneberger, Klaus: „Die kreative Stadt". In: *dérive*. Nr. 44, 2011, S. 37–45
35 *Frankfurter Allgemeine Zeitung (FAZ)*, 09.01.2010
36 Prossek, Achim: „Bilder (k)einer Metropole". In: Bohn, Ralf/Wilharm, Heiner (Hg.): *Inszenierung der Stadt. Urbanität als Ereignis*. Bielefeld 2012, S. 35–50, hier S. 37
37 Bogumil, Jörg/Heinze, Rolf/Lehner, Franz/Stromeier, Klaus Peter, siehe Endnote 25, S. 68
38 Zit. nach Prossek, Achim, Endnote 36, S. 37
39 Ebd., S. 48
40 Siehe Prossek, Achim, Endnote 36, S. 48
41 *TAZ*, 21.07.1996
42 Vgl. Müller, Sebastian: „Nachindustrielle Großstadt oder Industrieprovinz: Wie modern ist das neue Ruhrgebiet heute?". In: von Petz, Ursula/Schmalz, Klaus (Hg.): *Metropole, Global City: Neu Formen der Urbanisierung*. Dortmund 1992, S. 353–363
43 Basten, Ludger: *Die Neue Mitte Oberhausen. Ein Großprojekt der Stadtentwicklung im Spannungsfeld von Politik und Planung*. Basel/Boston/Berlin 1998, S. 48
44 Siehe Ronneberger, Klaus, Endnote 17, S. 114 ff.
45 Brune, Walter/Pump-Uhlmann, Holger: *Centro Oberhausen. Die verschobene Mitte. Ein Beispiel verfehlter Stadtplanung*. Wiesbaden 2009, S. 42 ff.
46 Ebd., S. 50

STADTSPIELE AM RINGLOKSCHUPPEN RUHR

Zwischen ästhetischer Fortentwicklung und gesellschaftspolitischer Wirkung

Holger Bergmann

Die Zeit vor und während der Kulturhauptstadt hat für das Ruhrgebiet eine intensive Beschäftigung mit den Fragen nach Stadt, Städteregion oder Metropole ausgelöst und einige künstlerische und kulturelle Unternehmungen hervorgebracht, die Kultur als einen wichtigen Transformationsfaktor in der sozialräumlich geprägten Stadt sehen.
Die Kultur schafft Verbindungen und neue Wahrnehmungen. Genau diese Ansätze, die der Ringlokschuppen als Theaterort der Ruhrregion seit mehreren Jahren intensiv mit Arbeiten wie der *Eichbaumoper, SchlimmCity* oder *RUHRZILLA* verfolgt, gilt es für die gegenwärtige Situation der Ruhrregion mit einer kritischen Reflexion der Wirkungsfelder weiterzuentwickeln.
Gemeinsam mit Künstlern, Wissenschaftlern, Stadtplanern, Theaterpraktikern, Studierenden, Anwohnern und mit internationalen Akteuren wurde in Symposien, Laboren und performance-orientierten Projekten, wie dem gemeinsamen Festival *MomentanIndustrie* oder der *54. Stadt*, 2014 der Frage nachgegangen, wie Stadtraumprojekte zu einer nachhaltigen Veränderung von Stadt oder Innenstadt beitragen können. Welche Gestalt solcher Projekte ist sinnstiftend und sinnvoll? Welche neuen Beteiligungen und Aktivierungen von Bewohnern können durch künstlerische Interventionen und stark auf Partizipation angelegte Aktionen erzeugt werden? Ein Forschungslabor für die Zukunft der Stadt und die des Theaters. Denn das Theater steht als Ort von Kommunikation und Begegnung, im künstlerischen

wie im gesellschaftlichen Sinne, einer veränderten Form der Kommunikation gegenüber: Kommunikation in Lichtgeschwindigkeit rund um den Erdball prägt eine neue Art der Ortslosigkeit und verwandelt die Bedeutung von Raum und Kommunikation grundlegend.

Auch dadurch haben sich die künstlerischen Ausdrucksformen der Darstellenden Künste in den vergangenen Jahren stark verändert. Das zentrale Motiv der Entwicklungen im Gegenwartstheater lässt sich als eine *Hinwendung zum Realen* beschreiben. Hintergrund für diese Bewegung ist die kulturwissenschaftliche Annahme, dass seit dem ausgehenden 20. Jahrhundert ein Paradigmenwechsel stattfindet, nach dem die Gesellschaft einen sogenannten performativen Wandel durchlebt. Während Kultur früher als ein strukturierter, zeichenhafter Zusammenhang angesehen wurde, den es zu lesen und zu erforschen galt, geht man heute davon aus, dass Kultur vor allem im Vollzug des gemeinsamen Handelns hervorgebracht wird und entsprechend auch handelnd erforscht werden sollte. Kultur gleicht also eher einer großen Performance, bei der nicht nur sprachlich hervorgebrachte Äußerungen etwas „schaffen", sondern auch Zeichen, die jenseits der Sprache liegen, von wachsender Bedeutung sind. Jeder wirkt durch sein eigenes Handeln mit und schafft durch (oft nicht-bewusste) Handlungen Realität. Demnach wird das ganze Leben als eine bewusste Inszenierung begriffen; alles ist in gewisser Weise „gestaltet". Dazu gehören die Räume, die uns umgebende Stadt, die Architektur bis hin zum Lifestyle, die Ausstattung der Wohnungen, unsere event-orientierte Freizeit und sogar unsere Körper, die von der ästhetischen Chirurgie verändert werden. Die Wirklichkeit ist so immer mehr als Aufführung, als bewusste Darstellung zu begreifen. Die Grenzen zwischen Realität und Fiktion verschwimmen und der Werkcharakter von Kunst wird allmählich durch Ereignisse ersetzt. Was Guy Debord und die Situationisten 1967 in *Die Gesellschaft des Spektakels* voraussahen, ist heute Realität. Zu ihr gehört die Definition des Bürgers als Zuschauer, für den das gesamte öffentliche und politische Leben zum Schauspiel wird.

Im Bereich der Darstellenden Künste ist diese Verschiebung hin zum Performativen seit den 1960er Jahren deutlich zu beobachten. Auf der Bühne wird der konkrete Handlungsvollzug bevorzugt. Objekte und Handlungen verweisen nicht notwendigerweise auf etwas anderes – drittes, transzendentes –, sondern werden als das angesehen, was sie sind. Hier zeigt sich bereits, dass sich das Gegenwartstheater den Verfahren und Darstellungsweisen der Performancekunst annähert, sich ihrer bedient und sie in neue Zusammenhänge setzt. Umgekehrt lässt sich seit den 1980er Jahren auch in der Performancekunst eine Öffnung zu theatralen Verfahren beobachten, nachdem sich die Aktionskunst der 1960er und 1970er Jahre als dezidiert antitheatral betrachtete. Der Theaterwissenschaftler Hans-Thies Lehmann beschreibt diese Annäherung von Theater und Performance als „Einbruch des Realen in die theatrale Fiktion".[1] Der Wunsch, Realität ins Theater zu holen, geht einher mit dem Wunsch, im Theater eine andere Wahrheit zu erzeugen und Verstellung zu beseitigen. Genau hier ist eine Kunstpraxis entstanden, die sich zwischen den Genres bewegt und seitdem mit Begriffen wie „Performancetheater" oder „performatives Theater" bezeichnet wird. Ein entscheidendes Ziel dieses neuen Gegenwartstheaters ist es, die ästhetische Distanz zwischen Kunst und sozialer Realität zu befragen, zu verringern und von Fall zu Fall sogar ganz zum Verschwinden zu bringen.

Seit den 1990er Jahren integrieren linke politische Aktivisten ihrerseits wieder künstlerische Strategien in ihre Kommunikationskonzepte. Kreative Prozesse und Kunstproduktion werden bewusst in politische Emanzipationsbewegungen integriert. Beispielsweise entstand im New Yorker Zuccotti Park aus dem polizeilichen Verbot von Mikrofonen heraus die Erfindung der chorischen Verstärkung und somit eine neue Form für die Vielstimmigkeit der *Multitude*.

Ob der sogenannte Sextremismus der feministischen Protestformation Femen oder die aufblasbaren Symbole von Tools for Action, die skulpturalen Stadtinterventionen von raumlaborberlin oder Reverend Billys *Church of Stop Shopping*, ob Guerilla-Architektur oder Guerilla-Gärten, die Reihe linker Protestaktionen, die sich in den vergangenen 20 Jahren unübersehbar eng mit künstlerischen Ausdrucksformen verbunden haben, ließe sich lange fortsetzen.

Die Bewohner haben ihre reine Zuschauerposition nach Guy Debord aufgegeben und sind längst als unterschiedlichste Akteure in das *Wirklichkeits-Schauspiel* verwickelt. Hieran knüpft die Idee der Stadtspiele des Ringlokschuppen Ruhr an. Nach *SchlimmCity* 2011 und *RUHRZILLA* 2012 folgte 2013 ein Stadtspiel mit dem Titel *MomentanIndustrie*. Die Stadtspiele greifen jeweils die akute Situation der Innenstadt auf: Leerstand, Zwischennutzung, demografische Entwicklung, soziale Diversität und starke sozialräumliche Polarisierung. Die künstlerischen Arbeiten verwickeln die Bewohner in Inszenierungen, die fehlende Stadtentwicklungsplanungen thematisieren oder soziale Ungleichheit aufzeigen, und stellen somit die eingeübten Formen der Inszenierungen des Alltags infrage, indem sie die inszenierte Wirklichkeit offenlegen und sie mit akuten Themen verknüpfen. Die Stadtprojekte entstehen mit Künstlern und Akteuren der Stadt aus Vereinen, Verwaltung und mit den Bewohnern. Eine wichtige Ebene bei jedem Stadtspiel bildet der Bezug zur digitalen Gesellschaft: Über Beteiligungsformen wie Chats, Games und Blogs wird eine breite Diskussion auch über die real beteiligten Besucher hinaus angeboten. Die Stadtspiele des Ringlokschuppen haben einen Modellcharakter, der sich unter anderem in der Nominierung von *SchlimmCity* für den Bundeskulturpreis 2012 oder der Einladung von *RUHRZILLA* zur Nextlevel-Konferenz nach Köln oder in die Directors Lounge der Berliner Festspiele ausdrückt. Viele Kommunen und Kulturinstitutionen des Ruhrgebiets beziehen sich auf die Erfahrungswerte des Ringlokschuppen Ruhr in Stadtraumprojekten, die die Fähigkeit besitzen, zukunftsorientierte Beteiligungsformen mit zeitgenössischer Kunst in Beziehung zu setzen. Der Titel *MomentanIndustrie* markierte einen Gegensatz zur Montanindustrie, die kulturell und mental tief mit den Wandlungsphasen des Ruhrgebietes verknüpft ist. Der Gegensatz zwischen der Ära der versunkenen Montanindustrie, deren Produktionstechniken ganze Stadtteile in gewaltige Maschinerien verwandelten, und dem Gedanken des Momenthaften könnte größer kaum sein. Die Schwerindustrie benötigte, um zu funktionieren, lange, dauerhafte, stabile Produktionsprozesse, die

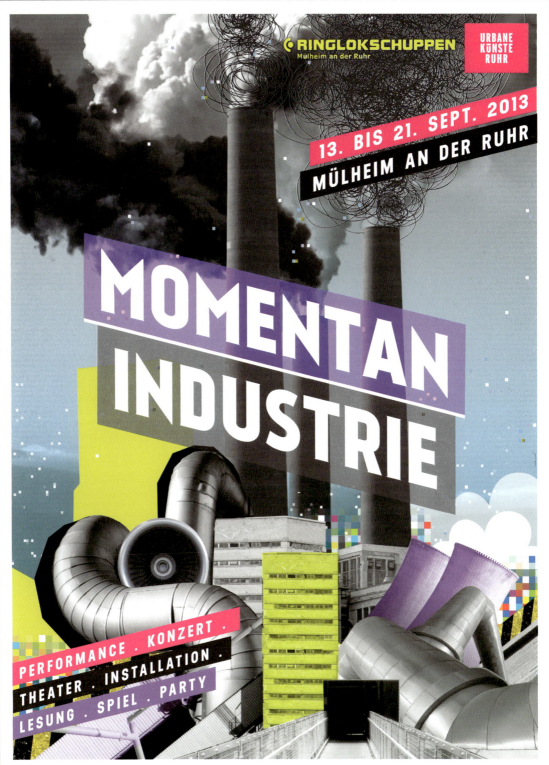

eine langfristige Taktung von Verwaltung und politischem Raum bis hin zur organisierten Mitbestimmung erforderlich machten. Heutzutage heißen die Erfolgsversprechen: Flexibilität, Kreativität und *Standby*. Die digitale Kommunikation sorgt für ständig wechselnde Parameter, die stets neue Produktionen von Haltungen, Ideen und Erfahrungsräumen benötigen. Im 21. Jahrhundert sind große Teile der Ökonomie längst in ein virtuelles Netzwerk übergegangen, das nur noch selten in einer Kommune räumlich sichtbar wird. Es wird kein physischer Raum mehr verbraucht, die Stadt kann schrumpfen. Das Ruhrgebiet hat darin einen Erfahrungswert: Die einzige Schöpfung war die Ausschöpfung.

DIE GESCHICHTE DER MONTANINDUSTRIE UND DIE GEGENWART ALS *MOMENTANINDUSTRIE*

Die Erfolgsgeschichte der Montanindustrie war kein kreativer Akt. „Das Ruhrgebiet hat seine ökonomische Entwicklung weniger dadurch genommen, dass es neue Produkte und Branchen schuf und ansiedelte, sondern eher dadurch, dass es die Expansionsmöglichkeiten der traditionellen Branchen bis aufs äußerste ausschöpfte."[2] Wie der Aufschwung, so liegt auch der Niedergang der Montanindustrie in diesem Sachverhalt begründet. Im Zuge der Industrialisierung entwickelten sich im Ruhrgebiet eine industrielle und eine gesellschaftliche Monokultur, die ausschließlich auf die Bedürfnisse der Montanindustrie ausgerichtet war. Als Gradmesser für den Wohlstand galten neben den Produktionszahlen der Eisen und Stahl schaffenden Industrie die Fördermengen an Kohle, zumindest solange, bis es im Jahre 1958 zur ersten großen Kohlekrise kam. Das sich selbst tragende Wachstum des Montansektors hatte seinen Zenit überschritten. Die Kohle als dominanter Energieträger wurde regional radikal um- und abgewertet.

Der regionalökonomische Rück- und Umbau ist ein halbes Jahrhundert nach der ersten Kohlekrise noch nicht bewältigt. Der Kohlekrise folgte bald die Stahlkrise und der durch sie eingeleitete Rückzug und Umbau der Schwerindustrie, danach die sich immer schneller drehenden globalen ökonomischen Herausforderungen im Dienstleistungssektor ebenso wie im Handel oder in Großbetrieben der verarbeitenden Industrie. Produktionen setzen auf On-Demand-Produkte und erhalten dabei über das Internet eine sofortige Resonanz: So ist ein erstes Fahrzeug vielleicht schon gefloppt, bevor es überhaupt vom Band läuft. Das neue Jahrtausend fragt nicht mehr nach Rückbau- oder Umbauplänen an der Ruhr – es verändern sich die Arbeitswelten und die täglichen Erfahrungsräume und schaffen mannigfache Herausforderungen, bei denen das Ruhrgebiet nicht in langfristigen Planungsvorgängen des vergangenen Industriezeitalters verharren darf.

Bereits in den Strukturwandelzeiten Ende des 20. Jahrhunderts nahmen die „mentalen Altlasten" als Hindernisse und Hürden des regionalstrukturellen Wandels einen dominanten Stellenwert ein. „Anhand der Bevölkerungsprobleme lässt sich ein weiterer zentraler Ursache-Wirkungskomplex nachzeichnen: Gerade die wirtschaftlichen und sozio-ökonomischen Ursachen der Bevölkerungsdynamik geben ihrerseits einem Wirkungskreislauf Schwung, der alle Anzeichen eines nur schwer kontrollierbaren *circulus vitiosus*, einer sich selbst erhaltenden Problemspirale aufzeigt."[3]

Als am 21. Mai 1951 die Montanmitbestimmung in Kraft trat und so die Bedeutung des Ruhrgebietes und seiner Montanbeschäftigten auf der politischen Bühne klar herausgestellt wurde, ahnte wohl niemand, dass bereits ein halbes Jahrzehnt später der „Motor der wirtschaftlichen Entwicklung" Deutschlands eine krisengeschüttelte Region werden sollte. Bereits mit den ersten Anzeichen des Niedergangs der Montanindustrie in den 1970er Jahren war es zur dringlichsten Aufgabe der regionalen Wirtschaft und Politik geworden, den Strukturwandel voranzutreiben. Dennoch ist die krisenbehaftete Region immer noch geprägt von hoher Arbeitslosigkeit, einer großen Arm-Reich-Schere und Bildungsproblemen und eben nicht durch prosperierende Städtearchitektur und ein hoffnungsvolles Lebensgefühl.

Bereits 1986 fiel das Wort von den „Altlasten in den Köpfen", denn die mentalen Altlasten mancher unternehmerischer wie politischer Entscheider, aber auch die der Bevölkerung zeigten eine mächtig behindernde Wirkung: ansässige Unternehmen stemmten sich mit der Bodensperre gegen die Ansiedlung von neuen Unternehmen, die Konkurrenz bedeuten konnten. Mit ihrem immensen Landbesitz – bis zu 30 Prozent der Gesamtfläche einer Ruhrgebietsgemeinde konnten aus Betriebsflächen, Werkssiedlungen oder Erweiterungsflächen bestehen – verfügten die Stahl- und Bergbaukonzerne „über eine sehr effiziente ‚Bodensperre'", mit der sie „unliebsame Konkurrenten auf dem Arbeitsmarkt – ansiedlungswillige Großbetriebe der nächsten Technologiegeneration (Auto-, Elektro-, Chemieindustrie) – aus ihrer Region fernhalten konnten".[4] „So wurden u. a. die Ansiedlungspläne von Ford, VW und Schering im Ruhrgebiet vom Bergbau blockiert, da sie Konkurrenten um qualifizierte Arbeitskräfte darstellten. Das einzige realisierte Ansiedlungsprojekt eines Großbetriebes war das Opel-Werk in Bochum."[5] 2015 schließt dieses Werk nun für immer seine Tore.

Innovationen für gesellschaftliche Prozesse, Kommunikation und Unternehmungen setzten Bildung voraus, aber auch dieses immaterielle Gut entstand im Ruhrgebiet nur sehr langsam. Die Ruhrregion, mit über sechs Millionen Einwohnern, hatte bis ins Jahr 1960 hinein keine einzige Universität. Diese katastrophale Bildungssituation war auf zwei Faktoren zurückzuführen. Zum einen duldete Kaiser Wilhelm II. (1859–1941) im Ruhrgebiet keine Hochschulen, da er befürchtete, dass eventuelle Verbindungen zwischen Arbeitern, Armee und geistigen Eliten nicht mehr kontrollierbar seien. Zum anderen wurde zur Blütezeit der Montanindustrie der große Bedarf an Arbeitskräften überwiegend durch Einwanderungswellen aus deutschen Ostgebieten und Polen gedeckt – Einwanderer, die oft weder lesen noch schreiben konnten. Mit der Eröffnung der Ruhr-Universität Bochum 1964 wurde der Grundstein für die heute dichteste Hochschul- und Forschungslandschaft Deutschlands gelegt und somit eine strukturelle Lücke der Region geschlossen. Weitere Universitäten und Fachhochschulen folgten. Sie bilden das Fundament für eine hochqualifizierte Arbeiterschaft – eine notwendige, wenn auch nicht hinreichende Voraussetzung für die Erneuerung der Regionalwirtschaft im Zeichen der jüngsten, von Chip- und Informationstechnologie geprägten, basistechnologischen Generation. „Die Einsicht begann sich durchzusetzen, dass sich wirtschaftliches Wachstum stärker auf die Anwendung und Nutzung neuer Technologien und dabei auf gut ausgebildetes ‚Humankapital' stützen musste: Die Qualifikation der Beschäftigten wurde als wichtige Quelle der wirtschaftlichen Entwicklung erkannt und fand dementsprechend Eingang in die wirtschaftlichen Erneuerungsstrategien."[6]

2012 hieß es im *Bildungsbericht Ruhr*: „Das Bildungsniveau der Bevölkerung im Ruhrgebiet bleibt hinter dem des übrigen NRW zurück. Die Differenzen minimieren sich, wenn auf die junge Bevölkerung fokussiert wird. Beträchtlichere Diskrepanzen treten zutage, wenn die Bevölkerung mit und ohne Migrationshintergrund vergleichend gegenübergestellt wird."[7]

Das Problem der unterentwickelten Innovationskultur wurde lange Zeit verkannt und erst im Aktionsprogramm Ruhr (1980) erstmalig aufgegriffen. Die Entwicklung von kulturellen Großprojekten wie der IBA Emscher Park, Ruhrtriennale, RUHR.2010 und – in kleinerem Maßstab – Urbane Künste Ruhr folgten. Weitere Großprojekte sind aufgrund des rezessiven Umgangs mit den Kuluretats derzeit kaum zu erwarten.

VOM TAL DER MONTANINDUSTRIE ZUM GIPFEL DER LUFTSCHLÖSSER

„Wesentliche Hemmschuhe waren und sind jedoch die kommunal zentrierte Kommunikationskultur sowie die Langlebigkeit des Negativ-Images in der Selbst- und Fremdwahrnehmung der Region und das gering ausgeprägte regionale Selbstbewusstsein."[8]

Den Moment leben, auf Neues reagieren, im Leerstand der Städte und in der Krise die Herausforderung und nicht das Problem zu sehen, das ist ein Prozess, der einen weiten Anlauf benötigt. „Nicht mäkeln und rumnörgeln an einer Gesellschaft der Wahrheiten und Unwahrheiten, sondern gleich zu einer anderen Gesellschaft, die immer beides beinhaltet, übergehen, das könnte ein Ziel sein!", dies schrieb René Pollesch 2011 für den dritten Teil der *Ruhrtrilogie*.[9] Der Ringlokschuppen Ruhr thematisiert mit utopischen und dystopischen Beschreibungen diese Ambivalenz des Seins und der Entwicklung des Zusammenlebens in den Städten, wie etwa mit den Zwischennutzungen im Leerstand von *SchlimmCity* oder der Erforschung des Zusammenlebens mit unbekannten, fremden Lebewesen in *RUHRZILLA*.

Im Jahr 2013 verwirklichte der Ringlokschuppen mit der *MomentanIndustrie* eine Stadt, die Kunst-on-Demand produzierte. Für die Dauer von 222 Stunden konnte sich die Stadt permanent neu erfinden, ihre Werte wandelten sich und neue *Handelswerte* wurden initiiert. Künstler wie Chris Kondek, knowbotic research, friendly fire oder Dries Verhoeven realisierten Installationen, Performances und Projekte im öffentlichen Raum, die den translokalen Charakter der Orte aufgriffen. In Bühnenproduktionen wurde das Geld als Virus aus dem All entlarvt oder in einem *Intershop* nach Waren gesucht, die ein ähnliches Versprechen auf eine bessere Welt suggerierten wie einst die Westwaren in den Intershops der DDR.

Das „Bedingungslose Grundeinsingen" fand mit einem Chor aus Verkäuferinnen und Verkäufern des ehemaligen Kaufhofs und der längst geschlossenen Woolworth-Filiale in Mülheim statt. Die seit 2011 dauerhaft installierte *dezentrale*, ein ehemaliger Leerstand in der Innenstadt, der für künstlerische Aktivitäten und für die Nachbarschaftskultur der Bewohner genutzt wird, wurde zu einem Umschlagplatz für Ideen mit einer Online-Ideenbörse, die die Kurswerte der Ideen über die Produktionsprozesse der Stadt täglich neu errechnet. In der *Schwarzen Fabrik* wurde von Invisible Playground neue Architektur produziert, sodass die Schornsteine wieder Rauch ausströmten: es qualmte wieder an der Ruhr und der Himmel war für 222 Stunden nicht mehr treudoof blau!

PERFORMING ARTS ZWISCHEN GESELLSCHAFTLICHER ZUSTANDSBESCHREIBUNG UND GESELLSCHAFTSPOLITISCHER WIRKUNG

Wie sollten also die Kunst- und Kulturinstitutionen der Zukunft aussehen, die dem zuvor beschriebenen gesellschaftlichen Begehren Rechnung tragen? Wie können sich einander annähernde soziale und künstlerische Utopien institutionell unterstützt werden? Wie können Kunst- und Kulturinstitutionen im Sinne des Hardt/Negri-Begriffs *common*, das heißt tatsächlich zum Gemeingut werden? Angesichts der vielfältigen andauernden Krisen und des fortschreitenden Institutionsumbaus der neoliberalen Reformbewegung können ambitionierte Bibliotheken, Museen und Theater auf keinen Fall beim *business as usual* bleiben. Wenn sich gesellschaftlich relevante Kunst zusehends einmischt und ihren (traditionell bürgerlichen) Status als reine Zustandsbeschreibung immer wieder aufgibt, so ist offensichtlich, dass diese Entwicklung von den entsprechenden Institutionen aufgenommen werden muss. So wie *die Menschheit* nicht getrennt von *der Natur* zu betrachten ist, agiert die Kunst nicht losgelöst vom Sozialen. Sie ist vielmehr direkter Bestandteil, ist sozialer Vollzug im besten Sinne.

Hans-Thies Lehmann fordert in diesem Zusammenhang: „Ein Theater, das eine genuine Beziehung zum Politischen aufnimmt, erschüttert nicht irgendeine Regel oder Konvention, sondern die eigene. Ein Theater also, dass das Theater als Schaustellung unterbricht."[10]

Es kann somit weder darum gehen, einen traditionellen Kanon – oder das, was man darunter verstehen könnte – zu reproduzieren, noch darum, als Lautsprecher der jüngsten Hypes um Künstler, Themen und Diskurse zu fungieren. Allein der Punkt, wen ein Theater mit welchen Themen erreicht bzw. erreichen könnte, wäre in diesem Verständnis in erster Linie an eine inhaltliche Ausrichtung gekoppelt und nicht etwa gleich eine Marketingaufgabe. So formulierte Alexander Karschnia: „Anstatt eines Stadt- und Staatstheaters als Ort des Sehens und Gesehenwerdens, an dem die Repräsentanten der Stadt sich und die Repräsentierten treffen, ist ein kommunales Theater vonnöten, in dem sich die Kommune selbst begegnen kann, ein Ort der Selbstverwertung bzw. der potenziellen Selbstverwertung, zeichnet sich die postfordistische Produktion doch gerade dadurch aus, dass es ihr weniger darum geht, was produziert wird, sondern was produziert werden könnte."[11]

In diesem Sinne sind die Stadtspiele und darüber hinausgehende Produktionen des Ringlokschuppen Ruhr künstlerische Verfahren an konkreten politischen Settings. Darüber hinaus fordern diese Aktivitäten weiter eine Programmierung heraus, die noch stärker eine Agenda eines *kommunalen (regionalen) Theaters* verfolgt.

Aus den verschiedenen Erfahrungen im Stadtraum an der Ruhr wird der Ringlokschuppen Ruhr nun mit einem über längere Zeit angelegten Arbeitshintergrund den Versuch unternehmen, den kuratorischen Blick grundsätzlich mehr aus den lokal-regionalen gesellschaftlichen Befunden heraus auf die entsprechenden wirtschaftlich-politischen Kausalitäten zu werfen, um dann dafür die entsprechenden Arbeiten entwickeln bzw. finden zu können.

Es kann nicht mehr nur darum gehen, das Publikum an bestimmte künstlerische Perspektiven „heranzuführen", sondern auch darum, die in der Stadt und Region *vorhandenen* Themen so aufzunehmen, zu analysieren und zu bearbeiten oder auch mit *vorhandenen* künstlerischen Formulierungen kurzzuschließen, dass Interesse und inhaltliche Notwendigkeiten auch aus sich heraus entstehen können.

Mit Stadtraumprojekten und speziellen Festivalformaten bemüht sich der Ringlokschuppen Ruhr seit Jahren darum, das mehr oder minder gescheiterte Mülheimer Stadtentwicklungsprojekt *Ruhrbania*, die Umstrukturierung des Warenhandels in der Innenstadt und den Zuzug migrantischer Bevölkerung vor allem als Folge globaler Wirtschaftsentwicklungen zu beschreiben und nur bedingt als Ergebnis verfehlter Kommunalpolitik. Dennoch reagierten weite Teile der Stadtpolitik und die Lobbyvertreter der Marketing- und Handelsgesellschaften ungehalten auf die vermeidliche „Nestbeschmutzung" der Kultur, die akute Problemlagen offenlegte und sie nicht in bürgerlicher Eintracht kosmetisch überdeckte. Dieser Konflikt war durchaus produktiv und führte zu einer öffentlichen Debatte über die Entwicklung der Innenstadt. Hieraus entstanden neue städtische Prozesse, bei denen erstmals sogenannte partizipatorische Stadtplanungsverfahren erprobt wurden: So folgte 2013 ein kommunales Charrette-Verfahren zur Gestaltung des Marktplatzes oder anderer Teile der Innenstadt. Die leer stehenden Schaufenster wurden durch das Stadtmarketing mit idyllischen, großen Fotografien verhangen. Neben den jährlichen Großprojekten verwandelte der Ringlokschuppen Ruhr 2012 ein leer stehendes Ladenlokal in die sogenannte *dezentrale*, in der nachbarschaftliche und kulturelle Projekte aus Eigeninitiativen der Bewohner entstanden.

Dabei gingen viele Aktivitäten sehr stark von der postmigrantischen Bevölkerung und von Mülheimern ohne deutschen Pass aus. Der Ringlokschuppen Ruhr plant nun im Jahr 2015 gemeinsam mit den Nutzern der *dezentrale*, diesen Ort in Richtung einer *Willkommenskultur* der Stadt gegenüber Flüchtlingen und Asylsuchenden weiterzuentwickeln und die jährliche Form des Stadtspiels in eine dauerhafte Aktion umzuwandeln, die real in die gesellschaftspolitischen Rahmenbedingungen für den Aufenthalt von Flüchtlingen in der Stadt eingreift.

Ein notwendiger Schritt für den Ringlokschuppen Ruhr zur Kontinuität dieses Formats ist die kritische Betrachtung der Ereignisse und Wirkungen. Nur so kann eine eigene Haltung als Kulturinstitution zu den gesellschaftspolitischen Vorgängen fortentwickelt werden. Die Stadtspiele versuchen gerade nicht mit künstlerischen Arbeiten im urbanen Raum neue kreative Impulse zu setzen, welche einen Wandel, der auf regressiven ökonomischen Vorgängen beruht, optisch und kulturell erträglicher machen. Stattdessen gilt es mit einer der Kunst eigenen Kraft Aktionen entstehen zu lassen, die real ins gesellschaftlich-politische Geschehen eingreifen können und die somit das Nicht-Sichtbare in der *Welt des Spektakels* offen legen oder es gut vor ihr verstecken können.

ANMERKUNGEN

1. Hans-Thies Lehmann beschreibt diese Annäherung von Theater und Performance als „Einbruch des Realen in die theatrale Fiktion". Vgl. Lehmann, Hans-Thies: *Postdramatisches Theater*. Frankfurt a. M. 1999, S. 176
2. Schlieper, Andreas: *150 Jahre Ruhrgebiet. Ein Kapitel deutscher Wirtschaftsgeschichte*. Düsseldorf 1986, S. 144
3. Butzin, Bernhard/Pahs, Raimund/Prey, Gisela (2009): *Regionalkundliches Informationssystem des RVR zum Ruhrgebiet*. http://www.ruhrgebiet-regionalkunde.de/ris_index.php, 24.09.2014
4. Butzin, Bernhard: „Strukturkrise und Strukturwandel in ‚alten' Industrieregionen. Das Beispiel Ruhrgebiet". In: *geographie heute*. H. 113, 1993, S. 4–12, hier S. 5
5. Butzin, Bernhard/Pahs, Raimund/Prey, Gisela, siehe Endnote 3
6. Schlieper, Andreas, siehe Endnote 2, S. 184
7. Regionalverband Ruhr (Hg.): *Bildungsbericht Ruhr 2012*. Münster 2012, S. 40
8. Butzin, Bernhard/ Pahs, Raimund/Prey, Gisela, siehe Endnote 3
9. Pollesch, René: Textbuch „Der Perfekte Tag", UA 18. Juni 2010 / Ringlokschuppen Ruhr und Volksbühne Berlin
10. Lehmann, Hans-Thies: „Wie politisch ist Postdramatisches Theater?". In: *Politisch Theater machen. Neue Artikulationsformen des Politischen in den darstellenden Künsten*. Bielefeld 2011, S. 29
11. Karschnia, Alexander (2014): *„(Post-)Performerism as a way of life* oder das Theater der Produktion des Lebens". http://www.andco.de/media/alex_texts/Theater_politisch.pdf, S.6, 26.09.2014

2

KÜNSTLERISCHE FORSCHUNG

PUBLIC ART ALS STADTFORSCHUNG

Christoph Schenker

KÜNSTLERISCHE FORSCHUNG

Künstlerische Forschung besteht – auf den Punkt gebracht – darin, in den Bereichen der Wahrnehmung, der Emotion oder des Intellekts neue Unterscheidungen einzuführen – oder alte Unterscheidungsgewohnheiten fallen zu lassen – und mit diesen anderen Arten und Formen des Differenzierens zu experimentieren. Sie erzeugt damit neue ästhetische, emotionale oder gedankliche Konstellationen und wägt deren Folgen ab.[1] Dieses explorative Experimentieren ist nicht nur der künstlerischen Forschung eigen, dennoch aber für sie charakteristisch. Wenn man nun nach den Besonderheiten der künstlerischen Forschung sucht, stellt sich die Frage, ob sie etwa über Methoden eigener Art verfügt, ob sie sich eines spezifischen Instrumentariums bedient, ob sie einen typischen Forschungsgegenstand hat und schließlich, ob sie ein Wissen produziert, das für Kunst charakteristisch ist. Doch sind es, streng genommen, weder Methoden noch spezifische Instrumentarien, die die künstlerische Forschung, in Abgrenzung zu wissenschaftlichen Praktiken, als eine besondere Art der Forschung auszeichnen. Auch beschränkt sie sich nicht auf einen bestimmten Gegenstandsbereich, und die Form des „narrativen Wissens"[2] schließlich mag wohl für die Kunst charakteristisch sein, doch ist sie es nicht allein für diese. Auch literarische Werke, philosophische Texte und Filme als industriell hergestellte Volkskunst unserer Zeit können jenes Gemisch und Geflecht an Kompetenzen verkörpern.
Dieses „dichte Wissen", wie Jean-François Lyotard es auch nennt,[3] ist im Zusammenhang der Kunst, insbesondere auch im Feld der Public Art, von Bedeutung. Das Wissen ist mit der Wissenschaft nicht identisch und es reduziert sich nicht auf die Erkenntnis. „Wissen als Bildung und Kultur" ist ein Wissen, das sich durch ein dich-

tes Geflecht von verschiedenartigen Kompetenzen auszeichnet. Diese Kompetenzen meinen ein Denken, Machen und Handeln, die sich nicht nur am Kriterium der Wahrheit, sondern ebenso an den Kriterien der Gerechtigkeit und des Glücks, der Richtigkeit (Schönheit, Interessantheit) und der Effizienz orientieren. Forschung in der Kunst siedelt sich in diesem Geflecht der verschiedenartigen Kompetenzen an. Kunst kann daher als Form und Erzeugerin eines zusammengesetzten, dichten Wissens verstanden werden. Dieses umfasst, über die epistemische Kompetenz hinaus, „gute Performanzen" auch in den Bereichen des Ethischen, des Ästhetischen, des Ökonomischen, oder wie Lyotard schreibt: Es umfasst auch das „Machen-Können", das „Leben-Können", das „Sagen-Können", das „Hören-Können" und so fort.

Als Erzeugerin eines dichten Wissens ist die künstlerische Forschung zum einen in der Regel grenzüberschreitend und in anderen Wissens- und Handlungsbereichen involviert. Es handelt sich dabei gerade deswegen um Kunst, weil verschiedene Kompetenzbereiche mit dem Bereich des Ästhetischen verknüpft werden. Zum anderen ist für die künstlerische Forschung das explorative Experimentieren charakteristisch. Das Erkunden eines neuen Gebiets, das Erarbeiten einer neuen Perspektive ist, auch wenn diese sich scheinbar im Außerhalb der Kunst bewegen, immer auch ein Entwickeln der Kunstform selber. Zum dritten findet künstlerische Forschung im *Medium der Kunst* statt. Das heißt nicht nur, dass die künstlerische Forschung an die Medien und das Materielle des künstlerischen Arbeitens gebunden ist, es heißt auch, dass sie im Kunstsystem, im *Diskursraum Kunst* von Relevanz sein will. Sie will insbesondere im Raum der *diskursiven Praxis der Kunst* Bedeutung haben, auch wenn sie, wie die Forschung anderer Disziplinen auch, einen direkten Einfluss auf unsere Lebenspraxis hat. Schließlich noch ein Hinweis auf den Status des Kunstwerks in der Forschung: Das materielle Werk wird hier oft weniger als *Resultat* der Forschung verstanden, als Niederschlag von Erfahrung oder Darstellung von Wissen, denn vielmehr als ein *Instrument* zur Ermöglichung von Erlebnis und Einsicht. Das Kunstwerk hat gleichsam die Funktion eines Werkzeugs; dies sowohl für den Künstler wie für die, die es „verwenden" und damit am Forschungsprozess teilnehmen.

PUBLIC ART ALS STADTFORSCHUNG

Wenn wir hier von Public Art sprechen, meinen wir damit alle derzeitigen Spielarten von Kunst im Raum des Öffentlichen. Public Art *als Stadtforschung* bedeutet, dass diese Kunst sich Aspekten dessen widmet, was Stadt heute ausmacht. Dies können wirtschaftliche, politische, kulturelle, soziale oder städtebauliche Aspekte sein, oder es kann sich um topografische, religiöse, historische oder sprachliche Belange einer Stadt handeln. Ein Kunstprojekt, das Stadtforschung betreibt, mag sich der Stadt als Ganzes widmen oder aber einzelne Mikrobereiche in den Blick nehmen. Auch leisten Projekte sehr Unterschiedliches: Während die einen bisher latente Gegebenheiten sinnlich erfahrbar machen und damit ins Bewusstsein des Einzelnen oder der städtischen Gemeinschaft rücken, bieten andere Material zu Analysen und ermöglichen damit ein Verstehen von Sachverhalten. Wiederum andere Kunstprojekte provozieren eine Erörterung und stellen damit Öffentlichkeit her. Diese Öffentlichkeit mag eine kleine, besondere Gruppe oder aber die große Medienöffentlichkeit umfassen, je nach Dimension des Konflikts, der in der Gemeinschaft eine Verhandlung erfährt. Öffentlichkeit ist in jedem Fall kontrovers, sie ist eine Form des „Konfliktmanagements".[4] Public Art als Forschung kann über das Erfahren und Verstehen hinaus also auch eine Veränderung bewirken. Künstlerische Stadtforschung ist ein Unternehmen, das nicht zwingend auch außerhalb der Fachgemeinschaft wahrgenommen wird. Stadtforschung *als Public Art* aber meint, dass sie sich nicht nur Themen des öffentlichen Interesses widmet, sondern auch einen Dialog mit der Öffentlichkeit pflegt.

Bereits 1997 formulierte Daniel Buren,[5] dass die urbanen Verhältnisse heute derart komplex und die Ansprüche der Problemstellungen an die Kunst derart hoch sind, dass ein Künstler allein sie nicht bewältigen kann. Er ist auf die Mitarbeit von Partnern mit unterschiedlichen Kompetenzen angewiesen, um angemessen agieren zu können. Bei komplexen Verhältnissen privilegieren die Wissenschaften zunehmend die Transdisziplinarität als Form der Wissensproduktion und, mit ihr zusammenhängend, das Hervorbringen von Wissen für den konkreten, lokalen Kontext.[6] Während die Ortsspezifik bereits seit den 1970er Jahren auch im Feld der Kunst, insbesondere der Public Art, gebräuchlich ist, findet das Vorgehen, das mehrere Disziplinen miteinbezieht, hier seltener Anwendung. Im Folgenden soll ein mehrstufiges und interdisziplinäres Verfahren skizziert werden, das insbesondere bei größeren Projekten im Kontext von Public Art als Stadtforschung sinnvoll erscheint.

Denn bevor Künstler von der Leitung eines derartigen Unternehmens zur Ausarbeitung einzelner Kunstprojekte eingeladen werden, stellt sich die Frage, welche Faktoren *für eine Stadt* denn überhaupt bedeutsam sind – und welche Faktoren *für Public Art* von besonderer Relevanz sein können. Es gibt Faktoren, die eine Stadt oder einzelne Stadtteile auszeichnen, weil sie eine außerordentliche Ausstrahlung haben oder weil sie besonders problematisch erscheinen, und diese sind prägend, wenn sich entsprechende Effekte entfalten. Es kann sich dabei, wie bereits erwähnt, um wirtschaftliche, politische, soziale, religiöse, städtebauliche, kulturelle oder auch historische Faktoren handeln. Andere Faktoren wiederum sind nur scheinbar von geringerer Bedeutung; es mag daher Bemühungen geben, ihnen mehr Aufmerksamkeit zu schenken oder sie langfristig zu optimieren: so etwa die Vorbeugung gesellschaftlicher Konflikte durch kleinräumige wirtschaftliche Maßnahmen, die mit Stadtplanungsprozessen verknüpft sind, die Stärkung von Kultur weniger als touristischer Mehrwert, denn vielmehr als Vernetzung unterschiedlicher Lebensformen, oder die differenzierte Pflege kontroverser öffentlicher

Diskurse, wie sie zum Beispiel für das intellektuelle Klima einer Universitätsstadt unabdingbar ist.

Für Kunstwerke in öffentlichen Räumen, die außerhalb definierter institutioneller Grenzen im unmittelbaren Lebenskontext mit dem Publikum in Dialog treten, ist der Einbezug von derartigen, objektiv vorhandenen und bestimmenden Faktoren, aber auch das Herausarbeiten von verborgenen und zu fördernden Faktoren von entscheidender Bedeutung. Damit verbindet sich jedoch nicht die Forderung, dass ein Kunstwerk oder ein Projekt diese Faktoren explizit zu thematisieren habe. Ebenso wenig heißt dies, dass die relevanten Faktoren zugleich auch die Bereiche bilden, in welchen die künstlerischen Interventionen stattfinden sollen. Von der Kunst her gedacht, sind nicht alle Faktoren in gleichem Maße als Referenzrahmen, Interventionsfelder oder als Themen interessant. Dennoch aber bilden sie für die künstlerische Arbeit in der öffentlichen Sphäre wichtige Bezugspunkte und sind als Kontext in einem Forschungsprojekt zwingend zu reflektieren. Mit der Frage nach den relevanten Faktoren werden Grundlagen in die Forschung miteinbezogen, die in der künstlerischen und kuratorischen Praxis von Public Art oft vernachlässigt werden und daher ein kaum wahrgenommenes, unbestimmtes und verborgenes Hintergrundphänomen bilden.

Einem Forschungsprojekt stellen sich daher ganz grundsätzliche Fragen wie: Soll die Kunst im öffentlichen Raum als Element des Stadtmarketings die Konkurrenzfähigkeit der Stadt im internationalen Städtewettbewerb steigern? Soll sie helfen, benachteiligte Stadtteile kulturell aufzuwerten oder in Entwicklungsgebieten eine Identität zu stiften? Soll sie kritische kulturelle und politische Diskurse in der Stadt anregen? Soll sie Bruchlinien im sozialen Feld sichtbar machen? Welche Funktion hat Public Art heute? Welcher Gebrauch wird von ihr gemacht?

Zur Verdeutlichung und Bestimmung der für eine Stadt als auch für Kunstprojekte relevanten Faktoren sind Recherchen eines interdisziplinären Teams (einschließlich Künstler) zwingend. Dies ist der erste Schritt: Es müssen Workshops mit Spezialisten und Stakeholdern durchgeführt werden, Studien erstellt und neben Studien zur Städtebau- sowie Wirtschafts- und Sozialgeschichte auch Schriften von Architekten, Kulturwissenschaftlern und Ökonomen sowie Schriften von Philosophen, Politologen, Publizisten, Schriftstellern, Soziologen und Zukunftsforschern, von Städtebau- und Planungshistorikern konsultiert werden. Auch müssen mit Experten aus den verschiedensten Bereichen des Kunst-, Kultur- und Hochschulbetriebs Gespräche geführt und diese auch in Entscheidungsprozesse miteinbezogen werden. Erst im Anschluss an die Bestimmung und Gewichtung der Faktoren können nun, in einem zweiten Schritt, weitere Künstler ermittelt und hinzugezogen werden, bevorzugt solche, die in den fraglichen oder in vergleichbaren Gebieten bereits in überzeugender Weise gearbeitet haben. Diese Künstler werden, dies nun ist der dritte Schritt, mit eigenen Recherchen und Analysen und gemäß ihren präzisierten

Forschungsinteressen die vorgängigen Studien ergänzen, die Faktoren neu ordnen und gewichten.

Oft scheint es sinnvoll, die Faktoren zu thematischen Clustern zu verknüpfen und sie damit als mögliche Bezugsfelder für künstlerische Interventionen zu kennzeichnen, gleichzeitig auch zu öffnen. Ein paar Beispiele: Am Faktor *Global City* etwa kann insbesondere das Zusammenspiel von Wirtschaft und sozialem Raum interessieren, dies in Verbindung mit dem Verkehrsnetz und öffentlichen Verkehr. Der Faktor *globale Verknüpfung sozialer Räume* (über Arbeitsmärkte und Informationsnetzwerke im Zuge der Globalisierung) mag hauptsächlich im Kontext von Ethik und Migration interessieren, dies unter Berücksichtigung historischer Aspekte sowie einer Erinnerungs- und Mahnmalkultur. Der Faktor *Medien und Öffentlichkeit* interessiert gegebenenfalls im Zusammenhang mit Eventkultur und öffentlichen Anlässen, während der Faktor *Politik und direkte Demokratie* insbesondere in Verbindung mit städtebaulicher Planung und Entwicklungsgebieten interessant sein mag. Der Faktor *Mentalität* schließlich ist hauptsächlich im Verbund mit öffentlichen Räumen und Medien für eine künstlerische Forschungsarbeit attraktiv.

Das Gewichtungsverfahren mittels Clustern und Schnittmengen kann hilfreich sein, um Zusammenhänge zwischen den Faktoren beweglich zu denken und thematische Querbezüge zu ermöglichen. Faktoren umfassen in vielen ihrer Facetten abstrakte Sachverhalte, wohingegen die künstlerische Arbeit ihr entscheidendes kritisches Potenzial gerade durch sinnliche Positionierungen in die Öffentlichkeit trägt. Daher stehen die physisch greifbaren Schnittmengen der Faktoren im Zentrum der Untersuchungen und künstlerischen Umsetzungen. Handyfilme und die künstlerische Auseinandersetzung mit ihnen haben, als konkretes Beispiel eines derartigen sinnlichen Ereignisses, gegebenenfalls wirtschaftliche Veränderungen und den flexiblen Arbeitsmarkt als Hintergrund, sie beziehen sich aber auch auf Medienpraktiken innerhalb translokaler *Communities* im Zuge von Migrationen, und schließlich thematisieren sie kulturelle Wertvorstellungen und ihren Wandel in der Bildung jugendkultureller Szenen. Auch scheint es nutzbringend, mit den zusätzlichen Verknüpfungen und Verortungen der Faktoren ein Spannungsfeld zu benennen, welches für künstlerische Arbeit implizit ein Problem formuliert, dabei konkret ist und dennoch einen Raum für Imagination offen hält: für ein exploratives Experimentieren also eine gute Ausgangskonstellation bietet.

IMAGINATIONSRAUM MÜLHEIM

Das hier skizzierte Verfahren von Public Art als interdisziplinäre Stadtforschung ist auf eine ideale Situation angewiesen, die selten gegeben ist. So erlaubten die zeitlich und finanziell knapp bemessenen Ressourcen auch dem Labor Mülheim nur in geringem Ausmaß, spezifische Faktoren des Ruhrgebiets und der Stadt Mülheim umfassend aufzuarbeiten. Andererseits sind gewisse Entwicklungen und ihre

Folgen nicht zu übersehen und sowohl für Bewohner wie für Besucher unmittelbar spürbar: etwa die Segregation, die die nachindustrielle Stadtgesellschaft durchzieht, oder die Privatisierung als Folge der neoliberalen Stadtpolitik, schließlich auch die entgegengesetzten Effekte der ökonomischen, gesellschaftlichen wie kulturellen Globalisierungsprozesse.

Zu Beginn dieses Artikels habe ich die künstlerische Forschung im Kern als ein Herausarbeiten neuer Unterscheidungsfähigkeiten beschrieben, ebenso als ein Fallenlassen von Unterscheidungsgewohnheiten, in jedem Fall als ein Erkunden und Experimentieren daraus folgender neuer Konstellationen und Zusammenhänge. Das Künstlerduo knowbotiq setzte in ihrem Projekt *battle the landscape!* den aktuell aufgeführten Streetdance von ortsansässigen Jugendlichen afrikanischer Herkunft mit der prekären, unterhöhlten Landschaft Mülheims in Beziehung. Damit eröffnet es einen Imaginationsraum im Spannungsfeld von lokaler und globaler Wirtschaftsentwicklung, Ökologie, Migration, Demografie und Kultur, der einem in dieser Konstellation noch nie geboten worden ist. Das Kreativitätskombinat Klein Riviera hat gemeinsam mit der !Mediengruppe Bitnik in ihrem Projekt „*Bitte um Kreativität*" die Unterscheidung zwischen Bettelnden und Kreativen, zwei Eckfiguren des Neuen Kapitalismus, fallengelassen und damit neu die Figur des um Kreativität Bettelnden erschaffen. Diese paradox scheinende Figur wird im Stadtraum experimentell eingesetzt und auf ihre Brauchbarkeit „getestet". Die Projekte schließlich von Tobias Gerber und Ingo Starz einerseits, der Klangkünstler Jan Schacher, Kirsten Reese, Cathy van Eck und Trond Lossius andererseits ergänzen historisches und stadträumliches Wissen um die ästhetischen Kompetenzen des Erzählens, des klanglichen Gestaltens und des Hörens. Beispielhaft wird hier vorgeführt, was ein „dichtes Wissen" bedeuten kann. Alle sechs Projekte schaffen gedankliche und sinnliche Konstellationen, die es uns ermöglichen, die Stadt intensiver und auf eine neue Art zu erfahren, zu deuten, zu verhandeln und zu leben.

ANMERKUNGEN

1 Vgl. Hampe, Michael: *Denken, Dichten, Machen und Handeln. Anmerkungen zum Verhältnis von Philosophie, Wissenschaft und Technik.* 2004, http://www.phil.ethz.ch/fileadmin/phil/files/Antrittsvorlesung_Hampe.pdf, 20.03.2014; Schenker, Christoph: „Einsicht und Intensivierung. Überlegungen zur künstlerischen Forschung". In: Bippus, Elke (Hg.): *Kunst des Forschens. Praxis eines ästhetischen Denkens.* Zürich/Berlin 2009, S. 79–89
2 Lyotard, Jean-François: *Das postmoderne Wissen. Ein Bericht.* Wien 1986 (franz. 1979), S. 63 ff.
3 Hier und im Folgenden: Ebd., S. 63 ff.
4 Vgl. Marchart, Oliver: „,There is a crack in everything…'. Public Art als politische Praxis". In: Schenker, Christoph/Hiltbrunner, Michael (Hg.): *Kunst und Öffentlichkeit. Kritische Praxis der Kunst im Stadtraum Zürich.* Zürich 2007, S. 235–244
5 Buren, Daniel: „Kann die Kunst die Strasse erobern?". In: Bussmann, Klaus u. a. (Hg.): *Skulptur. Projekte in Münster 1997.* Ostfildern-Ruit 1997, S. 482–507
6 Vgl. Nowotny, Helga: „Transdisziplinäre Wissensproduktion – eine Antwort auf die Wissensexplosion?". In: Stadler, Friedrich (Hg.): *Wissenschaft als Kultur. Österreichs Beitrag zur Moderne.* Wien 1997, S. 177–195

KÜNSTLERISCHES FORSCHEN ZWISCHEN BETTELEXPERIMENTEN, EWIGKEITSKOSTEN UND ERWEITERTEN OHREN

Die Projekte und ihr spezifischer Forschungsansatz

Jürgen Krusche

DIE PROJEKTE
City Telling Ruhr

Das Projekt *City Telling Ruhr* lässt die Stadt von ihren Bewohnern erzählen. Ihre Geschichten erschließen den Stadtraum diachron und synchron: Veränderungen und Funktionsweisen der Stadt werden erkennbar. Gesellschaftlicher Wandel geht dabei mit Entwicklungen der Sprache einher; soziale und kulturelle Differenzen schlagen sich nieder in unterschiedlichen Sprachen. Die Dynamik der Stadt wird in ihrer Sprachlichkeit erfahrbar.

Das Projekt sammelt Geschichten, zeichnet diese auf und verknüpft sie. Aus vielen Berichten Einzelner, aus deren sprachlichen „Realitäten", entsteht eine Geschichte der Stadt, die Aspekte der Gegenwart, Vergangenheit und Zukunft miteinschließt. Unterschiedliches Sprechen über die Stadt bringt deren Komplexität zum Vorschein. Die Performativität der eingefangenen Stimmen spiegelt den städtischen Aktionsraum wider, in dem eine Vielzahl von gesellschaftlichen Kräften wirksam wird. Die Recherche betrachtet Sprache als Indikator von Stadtentwicklung und betreibt ein offenes Labor, das die Bevölkerung zum Erzählen, Zuhören und Diskutieren einlädt. Die in der jüngeren Stadtentwicklung erkennbaren Strukturveränderungen werden in den Sprachen der Bewohner manifest: Polylingualität sowie unterschiedliche Be- und Einschreibungen der Stadt treten zutage. Das Neben-, Mit- und Durcheinander, das sich im Sprechen der Menschen äußert – in verschiedenen Sprachen, Dialekten und in der Jugendsprache –, verweist auf Orte und Handlungen, darauf wie eine multikulturelle Gesellschaft kommuniziert und funktioniert.

Sprache und Stadt bestimmen Zugehörigkeit und setzen Grenzen, gleichzeitig unterlaufen sie dieselben: Ihre potenzielle Offenheit und Veränderbarkeit machen sie zu kulturellen Motoren. So wie die Stadt als permanente Baustelle mit Renovierungen bestehender Strukturen und der Erschließung neuer Stadträume funktioniert, operiert die Sprache mit ihrer Tradierung des Informationsflusses, ihren kreativen Re- und Neuformulierungen. In der Sprache wird die Stadt immer wieder neu definiert, in ihrem Wandel und ihrer Vielfalt spiegelt sich die Gesellschaft.

Tobias Gerber, Musiker, Zürcher Hochschule der Künste
Ingo Starz, Kunsthistoriker, Zürcher Hochschule der Künste

„Bitte um Kreativität" – eine künstlerisch-ethnografische Forschung

Ausgangspunkt der Arbeit *„Bitte um Kreativität"* waren zwei Diskursströme, die das Ethnografenteam Kreativitätskombinat Klein Riviera und die Künstlergruppe !Mediengruppe Bitnik in Bezug zueinander setzte: Der Diskurs über Kreativität und den Umbau der sich im Strukturwandel befindenden Ruhrgebietsstädte zu *creative cities* sowie der vermeintlich unabhängig davon stattfindende Diskurs über bettelnde Sinti und Roma im Kontext des Duisburger „Problemhauses". Dafür wurde eine künstlerisch-ethnografische Intervention entwickelt, bei der die Ethnografen in der Mülheimer Innenstadt Passanten und Gäste von Cafés und Bistros um Kreativität „anbettelten". Die auf diese Weise initiierten Gespräche gaben Einblick in das Alltagsverständnis von Kreativität als das Ungebändigte, Schöpferische und Innovative. Sie machten auch deutlich, dass die Diskurse über *creative city* und *creative class* wenig Resonanz jenseits des offiziellen Diskurses über Stadtmarketing oder Stadtentwicklung finden. Zugleich verwies das Bettelexperiment, bei dem nicht wie sonst üblich um Geld gebettelt wurde, auf den Aspekt des zur Ware Werdens von Kreativität. Ideen entwickeln, Probleme lösen, innovativ sein: Dies sind Anforderungen nicht nur an die „kreative Klasse", die sich im neoliberalen Wettbewerb behaupten will, sondern auch an die Bevölkerung insgesamt, die von den Kommunen um Kreativität angebettelt wird.

Kreativitätskombinat Klein Riviera
Ute Holfelder, Kulturwissenschaftlerin, Universität Zürich
Klaus Schönberger, Kulturwissenschaftler, Zürcher Hochschule der Künste
!Mediengruppe Bitnik
Carmen Weisskopf, Künstlerin, Zürich/London
Doma Smoljo, Künstler, Zürich/London

battle the landscape! – eine diagrammatische Geografie von knowbotiq

knowbotiq hat in Mülheim an der Ruhr, einer vom Kohlebergbau nahezu vollständig unterhöhlten und traumatisierten urbanen Landschaft, ein performatives Untersuchungsfeld mittels dreier Narrative aufgespannt:

- die Stimme eines Bergmannes, der exzessiv seine körperlichen und mentalen Kräfte, seine gesamte Biografie der industriellen Arbeit des Kohlebergbaus überantwortet hat,
- die Tanzbewegungen von lokalen Jugendlichen mit afrikanischem Migrationshintergrund, die postfordistische Lebensentwürfe als Street-Art-Tänzer praktizieren und dabei *Afrodizak Afro-Battles* (Tanzwettbewerbe) entwerfen, in der sie den aggressiven Straßentanz *krumping* aus der Hip-Hop-Szene L.A.s mit Clubtänzen aus Ghana und dem Kongo verbinden,
- das hybride Kostüm einer postkolonialen, „black on black(face)"-Minstrel-Figur des Entertainers Bert Williams, der in Zeiten der Harlem Renaissance herrschende rassistische Stereotype mittels Affirmation kritisch untersuchte.

Diese verschiedenen Akteure nahmen Positionen und Zeitpunkte in einer politischen Landschaft des Dazwischen ein: *displacements* zwischen physischer und mentaler, zwischen horizontaler und vertikaler Landschaft, zwischen Destruktion, Invasion und Rekonstruktion von Orten und Geschichte, zwischen Montanindustrie und *creative industries*, gleichzeitig „vergessen" und „schon wieder möglich".

knowbotiq interessierte dabei nicht die Überführung des Nichtwissbaren einer politischen Landschaft in Fakten und Genealogien, sondern das Artikulieren ihres opaken und diachronen Potenzials hinsichtlich des Verdeckten, Geahnten und Wiederkehrenden: Eine monströse Figur, dunkel, formlos mit Hahnenschweif – knowbotiqs Wiedergänger BlackGhillie –, tanzte sich parodierend durch die vom Kapitalismus der Ruhr Kohle AG hinterlassenen Landschaftlichkeiten und ihren „Ewigkeitslasten".

knowbotiq
Yvonne Wilhelm, Künstlerin, Zürcher Hochschule der Künste
Christian Huebler, Künstler, Zürcher Hochschule der Künste

Sonozones Mülheim

Das Klangkunstprojekt *sonozones* untersuchte den öffentlichen Raum der Stadt Mülheim mit folgenden Mitteln: ein durch performative Methoden erzeugtes Hören, die installative „Erweiterung" eines städtischen Raumes mithilfe technischer Geräte und die Erfahrung einer Ortsspezifität durch ein Hören während der Tonaufnahmen auf Straßen und Plätzen. Hauptziel des Projekts war es, Spuren und konkrete Ergebnisse (Artefakte) künstlerischer Prozesse zu sammeln, anhand derer sich die Schlüsselelemente der öffentlichen und persönlich-individuellen Dimensionen des bewussten Hörens und Sondierens durch künstlerische Betätigungen interpretieren lassen. Die zentrale Fragestellung lautete: Wie prägt eine Kunstform, die auf einem nicht-narrativen Material und auf Wahrnehmung beruht, unsere Lebenswelt und unser soziales Umfeld? Das Projekt verfolgte einen investigativen Ansatz, bei dem Erkundungen, klangliche Experimente und Veränderungen des jeweiligen Schallfelds sowie Klangkunstperformances die künstlerische Praxis in den Mittelpunkt stellten.

Mit ihrem Projekt *Extended Ears* untersuchte Cathy van Eck die für das aktive Hören nötigen Materialien und Prozesse, bewertete deren Grenzen und öffnete den Zuhörern die Ohren für die Möglichkeiten ihrer Anwendung als soziale, gemeinschaftliche „Klangerlebnisse" im öffentlichen Raum. Bei Kirsten Reeses Projekt *Augmenting Urban Sounds* ging es um die Erforschung und Registrierung der klanglichen Charakteristika eines Ortes, wobei die Klangkünstlerin Frequenzmodulationen und eigene Kompositionen einfließen ließ, um die urbane Geräuschkulisse auf subtile Weise zu verändern. Mit seinem Beitrag *Losing Myself in the World* machte Trond Lossius deutlich, dass man durch längeres Hören auf die Geräusche und Klänge an einem Ort dessen Charakter erspüren kann. Im öffentlichen Raum hatte der Aufnahmeakt eine Signalfunktion und ermöglichte so gemeinsame „Hörerlebnisse" mit Passanten. Das wichtigste Ergebnis des *sonozones*-Projekts besteht in der *Erfahrung* und in der *Wahrnehmung* verschiedener öffentlicher Räume in Mülheim durch Zuhören, Hinhören und „Klangeinspeisungen", was die vier Klangkünstler auf unterschiedliche Weise realisierten und ermöglichten. Während der gesamten Dauer des Projekts wurden die Praxis und die Erfahrungsweisen der verschiedenen Klangkünste geteilt und erklärt, indem die vier Künstler sich der Wahrnehmung der Bewohner an verschiedenen Orten der Stadt stellten und diese an ihren Aktionen teilhaben ließen.

Jan Schacher, Klangkünstler, Zürcher Hochschule der Künste
Cathy van Eck, Klang- und Performancekünstlerin, Hochschule der Künste Bern
Kirsten Reese, Klangkünstlerin, Universität der Künste Berlin
Trond Lossius, Klang- und Installationskünstler, Bergen, Norwegen

KÜNSTLERISCHE FORSCHUNG

Das Labor Mülheim war als Forschungslabor angelegt, als ein Ort an dem künstlerische Forschung betrieben, sichtbar gemacht und diskutiert werden sollte; ein Ort experimenteller, künstlerischer Auseinandersetzung mit der Stadt Mülheim, mit ihren urbane Räumen, ihren sozialen, kulturellen und ökonomischen Besonderheiten, mit ihrer Geschichte, ihren Menschen, Problemen und Plänen. Die vier Teams bestanden aus forschenden Künstlern und künstlerisch tätigen Forschern. Ihre Fragestellungen, Methoden und Vorgehensweisen waren sehr unterschiedlich, sodass auch die Frage nach den Bestimmungen künstlerischer Forschung zu einem zentralen Thema wurde.

Wie an vielen Kunsthochschulen Europas ist mit dem Beginn des Bologna-Prozesses 1999 auch an der ZHdK die Frage nach künstlerischer Forschung und ihren Besonderheiten zu einem zentralen Thema geworden. In vielen Forschungsprojekten an Schweizer Kunsthochschulen schwingt die Frage nach der spezifischen Methodik und Andersartigkeit künstlerischer Forschung zwar unterschwellig mit, wird aber selten explizit als Forschungsgegenstand betrachtet; dies obwohl bis heute unklar ist, was künstlerische gegenüber wissenschaftlicher Forschung genau auszeichnet.

Ebenso bedarf die Unterscheidung zwischen künstlerischer Arbeit – mit der wir seit Jahrhunderten vertraut sind – und künstlerischer Forschung der Klärung. Wie wird aus einem künstlerischen Werk (um es überspitzt auszudrücken) ein Forschungswerkzeug? Warum ist eine Performance im Stadtraum einmal Teil eines Forschungsprozesses und ein anderes Mal ein künstlerisches Werk? Einigkeit scheint allein darin zu bestehen, dass es nicht darum geht, *über* Kunst zu forschen – dies ist ja bereits Aufgabe der Kunstgeschichte –, sondern vielmehr darum, *mit* Kunst zu forschen. Die Kunst ist nicht der Forschungsgegenstand, sondern einerseits das Instrumentarium *mit* dem geforscht wird und andererseits das Medium, *in* dem sich Forschungsprozesse und -ergebnisse manifestieren. Künstlerische Methoden und Strategien kommen sowohl in der Recherche- und Beobachtungsphase zum Einsatz als auch bei der Auswertung und Darstellung der Ergebnisse. Da „die Künste" neben bildender Kunst auch Musik, Design und Theater beinhalten, sind mit künstlerischen Methoden nicht nur bildgebende Verfahren gemeint, sondern auch performative, auditive oder interventionistische Praktiken. Im Labor Mülheim kam in jedem Teilprojekt ein anderes Setting künstlerischer Verfahren zur Anwendung, die hier kurz charakterisiert werden sollen.

DIE PROJEKTE UND IHRE METHODEN

City Telling Ruhr

Der Musiker Tobias Gerber und der Kulturwissenschaftler Ingo Starz entwickelten gemeinsam einen Ansatz, der in der ersten Phase einem klassischen Modell entspricht, sich jedoch in einem zweiten Schritt auf eine andere Ebene der Auswertung und Darstellung begibt. Sich die Stadt von ihren Bewohnern erzählen lassen, das geht am besten über das etablierte Format des Interviews. Mit Mikrofon und Recorder ausgerüstet, konnten an verschiedenen Orten Mülheims über 40 Interviews unterschiedlicher Länge mit Menschen verschiedener Schichten, verschiedener Herkunft und verschiedenen Alters geführt werden. Das Material wurde dann aber nicht „nur" transkribiert, also in eine geschriebene Form übertragen, sondern es wurde versucht, die verschiedenen hörbaren Differenzierungen wie Dialekte, Umgangssprachen oder Sprechweisen in die Auswertung zu übernehmen. Neben den rein diskursiven Daten wurde auch sinnlich Wahrnehmbares berücksichtigt, neben der Semiotik kam das Ästhetische ins Spiel. Aus dieser anderen Auswertung des Materials ergab sich auch eine andere Darstellungsform der Ergebnisse. Diese wurden von Tobias Gerber in die Form einer Collage gebracht, die auch mit Überlagerungen und absichtlichen Undeutlichkeiten operiert, und von Ingo Starz für das Kunstmuseum Mülheim im Sommer 2013 in eine Audioinstallation überführt.

„Bitte um Kreativität"

Die beiden Kulturwissenschaftler Klaus Schönberger und Ute Holfelder erarbeiteten zusammen mit dem Künstlerduo !Mediengruppe Bitnik ein Themenfeld, das sich zwischen Crowdfunding und Betteln, Kreativität und Prekarität aufspannte. Dieses Feld wurde in einem ersten Schritt von den beiden Kulturwissenschaftlern in gewohnter Weise diskursiv bearbeitet, um dann in einem weiteren Schritt in eine performative Form zu wechseln. Mit einer Bettelkarte ausgestattet, begaben sich die beiden Wissenschaftler in die Fußgängerzone und „bettelten" um Kreativität. Die Forschenden schlüpften in die Rolle der sonst von ihnen Untersuchten, sie waren gleichermaßen Forschende und Forschungsobjekte. Das, was sie von den Passanten erbaten, war das, was ihnen als Lehrende an einer Kunsthochschule gewöhnlicherweise zugeschrieben wird: Kreativität. Obwohl die Unterscheidung zwischen Forschenden und Forschungsobjekten verschwamm, blieb eine gewisse „klassische" Hierarchie bestehen: die beiden „Bettler" fragten, die Passanten antworteten. Das performative Moment schien hauptsächlich bei den Forschenden zu bleiben, da die Befragten lediglich Gesprochenes beisteuerten.

Die Wissenschaftler eigneten sich hier performative, künstlerische Strategien an, um auf einem anderen Weg an andere Aussagen zu kommen. Das spezifische Setting (zum Teil auch mit Kamerateam) schuf eine ungewohnte, nicht alltägliche Atmosphäre. Es holte die Passanten in der Fußgängerzone oder die Gäste eines

Straßencafés aus ihrem gewohnten Alltag kurzzeitig heraus und stimulierte auf diese Weise dann doch ein „anderes Sprechen"; ein Sprechen, dass sich von dem innerhalb einer konventionellen Interviewsituation unterschied. Denn das Sprechen selbst wurde – in dem Sinne, in dem John Austin 1955 den Begriff innerhalb der Analytischen Philosophie einführte[1] – performativ; es wurde zu dem, über das es spricht. Während des Sprechens *über* Kreativität wurde dieses Sprechen selbst kreativ. Die Befragten taten, was sie sagten, es kam zu einer „performativen Sprachhandlung". Dieser performative Anteil des Sprechens der Befragten stellt somit einen Mehrwert dar gegenüber einer Standardinterviewsituation, bei der es lediglich auf die Bedeutung des Gesprochenen ankommt.

battle the landscape!
Das Künstlerduo knowbotiq hat als einziges der vier Teams von Beginn an Fachleute für seine Recherchen hinzugezogen. Gemäß der Komplexität ihrer Arbeit haben die Künstler sowohl mit Geologen als auch mit Jugendlichen der Mülheimer Street-Art-Tanzszene gesprochen. Ihre Recherchen fanden schon früh sichtbaren Ausdruck in Karten und Fotografien wie auch in Performances und Videos. Im Laufe des Forschungsprozesses verschwand ihre Autorschaft zunehmend und verschiedene Protagonisten traten verstärkt in den Vordergrund. Eine Inszenierung an einem spezifischen Ort Mülheims bildete zwar einen Höhepunkt der Arbeit, aber nicht den Endpunkt. Auch diese Performance vor Publikum wurde weiter bearbeitet und in andere Medien übertragen: in Videos und eine interaktive Website. Doch selbst diese ist nicht das „Produkt" der Forschung, stellt nicht ein abgeschlossenes, isoliertes Ergebnis dar, sondern ist nur im Gesamtzusammenhang aller Recherchetätigkeiten, der vergangenen wie auch der künftigen, als „Wissen" – wenn überhaupt von Wissen oder Erkenntnis gesprochen werden soll – anzusehen. Der gesamte Prozess, der sich immer auch in sinnlich wahrnehmbaren Nebenprodukten materialisiert, stellt für knowbotiq die Forschung dar. Es gibt keine Daten, die ausgewertet werden müssen, um zu Ergebnissen zu kommen, vielmehr beinhaltet das gesamte Material von Anfang an verschiedene Schichten und Ausdrucksformen von Wissen. Dieses „dichte Wissen", von dem auch Christoph Schenker in Anlehnung an Jean-François Lyotard in seinem Text spricht, akkumuliert, argumentiert, mäandert, es widerspricht oder sträubt sich. Es ist weniger ein Prozess der Wissensgenerierung als vielmehr des Anordnens, Vergleichens und Verdichtens, des Transformierens und Materialisierens, der als Ganzes Einsichten vermittelt und ein anderes Verständnis von Wissen und damit auch von künstlerischer Forschung einfordert. Man könnte dies als einen poststrukturalistischen Ansatz verstehen: Wissen wird nicht dualistisch zwischen der Welt und ihrer Beschreibung generiert, sondern tritt als Spur innerhalb eines ständig ablaufenden Signifikationsprozesses in Erscheinung. Es gibt, mit Bruno Latour gesprochen, keinen äußeren Referenten mehr, sondern lediglich

eine Reihe „transversaler Referenten", die in einem „Netz der Transformationen"[2] zirkulieren, ohne je etwas wie objektivierbares Wissen zu generieren.

Sonozones Mülheim

Die Projektgruppe Sonozones Mülheim hat in drei Paaren gearbeitet und methodisch drei verschiedene Zugänge gewählt, die einer gemeinsamen Frage folgten: Wie kann eine abstrakte, nicht-narrative und nicht-propositionale Kunstform wie die Klangkunst (*Sound Art*) auf die Lebenswelt und ihre soziale Umgebung Einfluss nehmen? Der gemeinsame Nenner der drei Projekte lag im Akt des Hörens; ein Hören, das, da die Künstler bzw. Forscher im öffentlichen Raum tätig waren, gewissermaßen öffentlich war. Durch analoge und digitale Hörexperimente (Van Eck) und Klanginstallationen (Reese) sowie durch längere *field recordings* (Lossius) wurde das Hören sichtbar gemacht. Allen drei gemeinsam ist die Überzeugung, dass durch das bewusste und konzentrierte Hören auf die Klänge der Stadt, auf unterschiedliche Orte und spezifische urbane Umgebungen, etwas über die Eigenheiten der Stadt Mülheim und ihre Bewohner zu erfahren ist. Allein das Suchen nach geeigneten Orten erfordert ein Kennenlernen und genaues Beobachten des städtischen Raums und ist bereits ein erstes Erforschen der Qualitäten einer Stadt, aus dem heraus dann die Entscheidung, wo genau interveniert werden soll, getroffen wird. Zuerst bleiben die Erfahrungen, die beim aktiven Hören gemacht werden, bei den Forschenden selbst. Im reflexiven Austausch mit den Forschungspartnern werden diese nach und nach ins diskursive Feld übertragen und somit über das rein Subjektive hinaus kommunizierbar. Zusätzlich kam es bei allen drei Projekten auch zu informellen Begegnungen und Gesprächen mit Passanten, da der Akt des Hörens einer künstlerischen Intervention nicht unähnlich ist und dadurch Aufmerksamkeit hervorrief. Diese Begegnungen und Gespräche sind ein nicht zu unterschätzender Bestandteil der Arbeit, da sie eine Möglichkeit aufzeigen, wie Klangkunst eine soziale Wirkung erzeugen kann. Inwiefern diese Wirkung jedoch erfasst und greifbar werden kann, um in einen Erkenntniszusammenhang gestellt werden zu können, bleibt eine offene Frage.

Jan Schacher war in allen drei Projekten jeweils der Gesprächspartner, mit dem die aufkommenden Forschungsfragen und Erfahrungen diskutiert wurden. Zudem wurde der Prozess des Forschens in einem Forschungstagebuch festgehalten und so der Austausch zwischen den drei separat arbeitenden Paaren gesichert. Auch dieses Modell – ein aktiver, agierender und ein begleitender, dokumentierender Künstler bzw. Forscher – kann als spezifische Methode betrachtet werden, die keinesfalls Standard ist.

Dass solch eine Paarbildung äußerst sinnvoll und kreativ ist, zeigt auch die daraus entstandene gemeinsame Arbeit von Trond Lossius und Jan Schacher. Aus den erst als Dokumentation gedachten Videoaufnahmen, die Lossius bei den *field recordings* zeigen, entwickelte sich im Laufe der Arbeit ein neues Format, das als Audio- und Videoinstallation während der Abschlusstagung im Ringlokschuppen gezeigt wurde. Es kam dabei zu einer eigenwilligen und, bei aller Einfachheit, sehr komplexen Verschmelzung von Bild und Ton. Man konnte im Video nicht nur sehen *wo*, sondern auch *wie* das, was man hörte, aufgenommen wurde. Die Methode des Aufnehmens mittels eines Mikrofons wurde hier in eine künstlerische Form gebracht und stellt so ein gutes Beispiel künstlerischen Forschens dar.

ANMERKUNGEN

1. Vgl. Austin, John Longshaw: *Zur Theorie der Sprechakte (How to do things with Words)*. Stuttgart 1972 (Orig. 1962)
2. Latour, Bruno: *Der Berliner Schlüssel*. Berlin 1996, S. 185

„Darüber hinaus sind jedoch die Zentren unserer Städte durch *Fülle* gekennzeichnet: An diesem ausgezeichneten Ort sammeln und verdichten sich sämtliche Werte der Zivilisation: die Spiritualität (mit den Kirchen), die Macht (mit den Büros), das Geld (mit den Banken), die Ware (mit den Kaufhäusern), die Sprache (mit den Agoren: den Cafés und Promenaden): Ins Zentrum gehen heißt die soziale ‚Wahrheit' treffen, heißt an der großartigen Fülle der ‚Realität' teilhaben."

Roland Barthes

„Die Stadt, von der ich spreche (…), offenbart ein kostbares Paradox: sie besitzt durchaus ein Zentrum, aber dieses Zentrum ist leer. Die ganze Stadt kreist um einen verbotenen und zugleich indifferenten Ort (…)."
Roland Barthes

Die Fotografien wurden aufgenommen während eines kurzen Spaziergangs zwischen Leineweber- und Schloßstraße am 24. Juni 2013 von 9:44 Uhr bis 10:36 Uhr.

Die beiden Zitate stammen aus: Barthes, Roland: *Das Reich der Zeichen.* Frankfurt a. M. 1981, S. 47 ff.

3

DIE PROJEKTE

CITY TELLING RUHR: STADT. SPRECHEN. MONTIEREN

Tobias Gerber

> Ich fahr dann mit der Straßenbahn meistens bis zur Stadthalle, steig da aus, dann lauf ich bis hierhin, über die Ruhr, dann gucken sie rechts und links, was da so ist. Dann hat da schon wieder ein Laden dicht gemacht, steht dran: geschlossen.[1]

City Telling Ruhr war der Versuch, die Stadt Mülheim an der Ruhr über Erzählungen ihrer Bewohner zu erschließen: irgendwo bei irgendwem anzusetzen und von dort aus weiterzugehen; Beschreibungen zu sammeln: von Orten, biografischen Begebenheiten, Ereignissen.

> Ich glaube, es gibt keine Stadt im Ruhrgebiet, wo man die Millionäre lokalisieren kann in Speldorf oder am Bergrand Richtung Essen – Villahügel – und sozusagen die ärmsten gleichzeitig in derselben Stadt in anderen Quartieren hat. Diese Spannweite ist extrem in dieser Stadt. Und dadurch, dass der Fluss die Stadt noch teilt, das darf man natürlich auch nicht ganz vergessen, ist es so wie überall in allen Städten, wo Flüsse Städte teilen, gibt es immer eine Differenz zwischen dem linken und dem rechten Ufer.

Wie wird eine Stadt über Sprache konstruiert? Wie sieht die Realität der Stadt in den sprachlichen Realitäten der Menschen dieser Stadt aus? Spiegelt sich das Konstrukt „Stadt" in den verschiedenen Materialitäten der Sprachen, in den Überlappungen, Brüchen und Reibungen zwischen unterschiedlichen Narrationen wider?

> Ich bin ja erst in einer Zeit hierhin gekommen, als die Geschäfte hier schon vornehmlich von Migranten besetzt waren – also besetzt will ich nicht sagen, sondern dass sie da ihrer Tätigkeit nachgegangen sind. Vorher waren das wohl alles deutsche Besitzer, aber dadurch, dass natürlich alles ein Bisschen im Umbruch ist, dass der Metzger und das Gemüsegeschäft und so weiter heutzutage nicht mehr im Stadtteil sind, sondern die Leute alle in den großen Supermarkt gehen, haben die halt alle zugemacht und dann sind halt Türken nachgerückt, oder Pakistani oder wie auch immer und aber, wie gesagt, ich sehe das auch nie als Nachteil, weil letzten Endes kann man ja froh sein, wenn überhaupt eine Infrastruktur da ist, die Geschäfte bewirtschaftet werden.

In vier über das Jahr 2013 verteilten, jeweils rund einwöchigen Aufenthalten in Mülheim führten wir[2] rund 40 Gespräche mit verschiedensten Personen aus Mülheim – viele davon lebten in der Stadt, andere fuhren zum Arbeiten täglich dorthin, meist aus einer anderen Stadt des Ruhrgebiets. Die Gespräche dauerten von einer Minute bis zu zwei Stunden.

> Das war zu meinen Kinderzeiten schon so, dass Mülheim wirklich mal die Stadtteile hatte: Dümpten, Styrum – da wollte man nie wohnen. Wenn man zu bürgerlich erzogen war, dann nein, zu Styrum, da gehörte man nicht hin. Aber Dümpten wurde früher als Königreich bezeichnet. Die hatten auch eine eigene Identität.

Auf einen einheitlichen Fragenkatalog, der alle Gespräche in etwa gleich strukturiert hätte, wurde bewusst verzichtet. Struktur und Dramaturgie sollten in erster Linie von den Erzählenden und dem Erzählten bestimmt werden, in der Hoffnung, darüber einen Raum für individuelles Sprechen in seinen vielfältigen Dimensionen zu schaffen.

> Und unten am Ende war früher Kaufhof. Und das war der Mittelpunkt, da sind die Leute alle hingelaufen. Dann sind die durch die Schloßstraße gelaufen. Und seitdem der Kaufhof weg ist, da war ja dann auch Woolworth, ist tot. Ist tote Hose geworden.

Verbunden war diese Hoffnung mit jener, dass in der Vielfalt der Stimmen und Sprachen wiederkehrende Motive aufscheinen, die schon mal als Teil einer oder mehrerer Erzählungen vorhanden waren und dadurch in ihren Dimensionen reicher werden (oder aber in ihren Konturen zunehmend unscharf).

> Und dann hörte ich von dem Ruhrbania-Projekt in Mülheim. Und ohne jede biografische Beziehung zur Stadt hat es eine emotionale Beziehung gegeben, nämlich zu erfahren, dass dieses Ruhrbania-Projekt endlich das tut, was ich in

> Duisburg immer gefordert hatte: nämlich Wohnen am Wasser möglich zu machen. Und das, aber nicht alleine, sondern in Verbindung mit einer Stadterneuerung, die ich als dringlich für Mülheim ansehe und wozu das ein erster Schritt sein sollte oder werden soll.

Neben den Gesprächen mit Passanten, Café-Besuchern oder Ladeninhabern führten wir auch Gespräche mit Personen, die aus Expertenperspektive auf die Stadt Mülheim blicken – Stadtentwickler, Sozialarbeiter, Wirtschaftsplaner.

> Der hat ein Lokal in der Stadthalle, das hat er viele Jahre rund um die Uhr bespielt. Seit zwei Jahren macht er das nur noch für Feste und Veranstaltungen. Und da merkt man auch schon: der Mülheimer geht nicht auf die andere Seite, um was zu essen. Lieber bleibt er hier.

Diese Erzählungen unterscheiden sich markant von jenen der erstgenannten Gruppe: Sie sind in der Regel deutlicher strukturiert, die Formulierungen pointierter, die eigene Betroffenheit der sprechenden Person durch das Beschriebene oftmals kleiner.

> Der Bahnhof ist wie Checkpoint Charlie. Ab da ist eine ganz andere Welt.

Das gesammelte Material ist daher, so ließe sich etwas vereinfacht sagen, geprägt von zwei unterschiedlichen Weisen des Sprechens; vereinfacht deshalb, weil doch mancher „Experte" selbst in Mülheim lebte oder aufgewachsen war und die einzelnen Gespräche in sich durchaus von unterschiedlichen Distanzen, Positionen und Sprechweisen geprägt sind.

> Der Mensch gibt das Geld nur einmal aus. Der Mülheimer Süden, der ist sehr stark nach Düsseldorf und Ratingen orientiert. Aber wir sind auch sehr stark angebunden nach Essen und wir haben auf dem eigenen Stadtgebiet ein Rhein-Ruhr-Zentrum mit ca. 80.000 Quadratmetern Verkaufsfläche, was auch sehr stark zieht.

Und umgekehrt wäre es genauso falsch, die Antworten der Passanten oder Ladeninhaber nur als „aus dem Bauch heraus" zu beschreiben. Auch dort sind die Verhältnisse zum Gesagten vielfältig.

> In Mülheim passiert viel unterhalb der Sichtbarkeitsschwelle, du siehst es nicht. Die Leute hier sind nicht so, dass sie sagen, juhi, wir machen alle so tolle Sachen. Die sind eher so zurückhaltend, was man von den Aldi-Brüdern auch kennt. Die sind ja auch nicht viel in der Öffentlichkeit gewesen. Die meisten hier sind nicht so in der Öffentlichkeit.

Wir starteten mit der Annahme, dass sich Fragen nach der sprachlichen Konstruktion von Stadt bzw. der konkreten Stadt Mülheim an der Ruhr teil- oder ansatzweise beantworten ließen durch die Erzählungen, durch unser Nachfragen und durch Rückkoppelung von Gesagtem, was neue Erzählungen motivieren sollte.

> **Wenn die da auf der Zeche, das ist ja unten, ungefähr 100 Meter tief, oder 800, je nachdem, oder noch tiefer heute … Und die tun die Haut beschädigen, aufritzen, und dann kommt Kohlestoff rein, dann haben sie gleich so ein, so ein …**

Dabei waren wir mit zwei gegenläufigen Dynamiken konfrontiert: zum einen zerfiel „die Stadt" in vielzählige Städte und Fragmente einer Stadt „Mülheim". Zum anderen tauchten in den Erzählungen immer wieder gleiche Motive auf, deren sprachliche Konstruktionen sich beinahe stereotyp glichen.

> **Mann muss überlegen, hier war früher richtig Malochergegend, also hier der ganze Bergbau und so. Die Leute waren aufeinander angewiesen. Wenn Du unter Tage gegangen bist, und das ist noch gar nicht so lange her, jetzt ist die letzte Zeche ja geschlossen worden in den letzten Jahren, aber die Situation ist schon so, dass das noch nachwirkt. Du wusstest nie, ob du von unter Tage wiederkommst. Ein Risiko ist das einfach.**

Beides entsprach bis zu einem gewissen Grad unseren Erwartungen. Das kaleidoskophafte einer Sammlung von Perspektiven und Beschreibungen war als Gedanke immer zentral, die Bezugnahmen auf ein geteiltes Archiv von Erinnerungen, Schauplätzen und Erzählungen ebenso.

> **Und in Saarn lebten damals so rund 800, 900 Leute. Und weit über 1000 sehr gut bezahlte Facharbeiter, Französisch sprechend, sind dann nach Saarn gezogen. Deshalb haben die alten Leute viele noch französische Idiome drin gehabt. Also ein großer Teil sagt immer noch „Trottoir", zum Beispiel.**

Der Grund für die erzählerische Fragmentierung der Stadt lag aber nicht nur in der Anlage des Projektes, sondern natürlich auch darin, dass die Referenz „Mülheim" selbst eine Konstellation von Stadtteilen darstellt, die teils fast dörflich organisiert sind und weitgehend unabhängig von einer Mülheimer Innenstadt funktionieren.

> **Metropole Ruhr, die gibt es nicht, ist eine Chimäre. Es gibt eben diese Städte, die ganz nah aneinander sitzen. Aber es gibt im Grunde genommen keinerlei Verbindung, aber die Leute haben auch eine ganz eigene Identität – jedenfalls mal gehabt. Also: ich war Duisburger, ich war Oberhausener, ich war Mülheimer. Und**

> jetzt so zu tun, als gäbe es die Metropole Ruhr ist eine Lüge. Es ist der Versuch, schwindende Ressourcen besser einzusetzen und dann arbeitsteilig bestimmte Sachen mitzunutzen. Also ich sag mal, die Feuerwehren in zwei Städte fahren zu lassen. Aber das hat ja nichts mit Metropole zu tun.

Mülheim, dieser Eindruck drängte sich immer wieder auf, ist eine Konstellation von Stadtteilen als Teilstädte: eine Anlage, die bis zu einem gewissen Grad vielleicht dem Nebeneinander der Teilstädte des Ruhrgebiets gleicht. Dies wurde auch immer wieder in den Gesprächen angesprochen: Nicht nur begibt sich, wer in Saarn wohnt, kaum nach Eppinghofen, sondern „in Saarn gehört eigentlich auch nur jeder dazu, der bei Jakob sein Fleisch holt und dann aber auch zu Herrn Jakob sagt: ‚Hallo Jakob'."[3]

> Die Asylbewerber und die ganzen Rumänen, Bulgaren, Russen, Polen sind ja alle mittlerweile hier in Mülheim. Hier kann man ja fast nichts mehr machen. Früher haben die gesagt, die Türken sind das, aber wir sind das gar nicht. Das sind immer die Bulgaren, die Rumänen, die Russen, die Polen, die uns dabei hier stören.

Die sprachlich vorgefassten und in etlichen Erzählungen reproduzierten stereotypen Motive waren demgegenüber für uns die größere Überraschung. Der Fluss, die grüne Uferlandschaft, die einst blühende erste innerstädtische Fußgängerzone Deutschlands, das Rhein-Ruhr-Zentrum, der Kaufhof …

> Mülheim war eine schöne Stadt. Da war der Kaufhof, da war die Woolworth.

Hier reduzierte sich die Stadt auf einige Punkte, unter denen prominent gegenwärtige und vergangene Einkaufsmöglichkeiten vertreten waren und deren Bedeutung für die erzählende Person für uns oftmals ungeklärt blieb. Warum, so eine von uns immer wieder diskutierte Frage, beschreiben Bewohner einer Stadt diese über das Angebot an Shoppingcentern?

> Was meinen Sie denn mit „öffentlichem Raum"? Ist das ein … was ist das für ein Begriff, was heißt denn „öffentlicher Raum"? Können Sie mir erklären, was das ist? Was soll ich denn darunter verstehen: öffentlicher Raum?! Ein Raum, der offen ist für jeden Bürger – Bürgerschichten – was ist das?

Im Spannungsfeld zwischen Fragmentierung und der entleerten Konkretheit reproduzierter „Ansichten" Mülheims verlangte unser Vorgehen mit seiner sehr offenen Anlage schon bald nach einer Entscheidung: Was ist Mülheim für uns?

> Das waren früher alles Werkswohnungen, die haben sie nachher freigegeben, dann konnten wir die kaufen. Früher waren wir an die 50.000 Arbeiter im Betrieb, heute ist es gut, wenn wir zweieinhalb sind. Aber jetzt ist ja Mannesmann auch zerschlagen worden von Vodafone. Vodafone hat ja damals D2 gekauft, D2 war ja Mannesmann. Das ging denen ja nicht um die Industrie. Das ging denen ja nur um die Sparte Telefon, also Handy. Und jetzt sind das mehrere Betriebe. Die Europipe, dann kommt noch ein deutsch-französischer, die machen diese kleinen Rohre.

Damit drängte sich auch die Frage auf, was am Ende unseres Projektes übrigbleiben soll: ein Archiv aus unabhängigen Einzelteilen; eine Erzählung aus der Verknüpfung heterogener Elemente; eine thematische Sammlung; eine Konstellation des Materials, die das Fragmentarische zu berücksichtigen versucht? Also die Frage, was für ein Mülheim unser Projekt hervorbringen soll, oder: wie die Arbeit am Ende über Mülheim spricht.

> Wenn da jetzt ein neues Hotel dann noch hochgezogen wird und dann erstmals so ein Begrüßungsgraffiti bekommt, glaub ich, wird das ein bisschen stressig.

Wir entschieden uns für letztes, für eine Konstellation, die das Fragmentarische widerspiegelt, versuchten der Tatsache immer wiederkehrender Motive und Reden gerecht zu werden wie auch – im Zusammenhang mit der Audiomontage durch die verdichtende Bearbeitung des Materials – jene Brüche und Reibungsflächen herauszustellen, die neben dem wiederkehrenden Repertoire zwischen den einzelnen Erzählungen bestehen und auch das Nebeneinander der Territorien und nur sehr lose zusammenhängenden Lebenswelten Mülheims auszeichnen.

> Man kommt morgens rein, wenn's hell ist, abends raus, wenn es dunkel ist, also, das ist manchmal ein bisschen schwierig, aber man gewöhnt sich dran, ist ok. Man hat dieses Wettergefühl nicht so. Wenn man rausgeht, dann denkt man, ist es kalt, ist es warm. Und dann weiß man nicht so, was man anziehen soll, wie man sich verhält. Wird man schnell krank, definitiv. Jaja. Aber man gewöhnt sich dran.

Die Audiomontage, wie sie jetzt als „Produkt" des Projekts vorliegt, verfolgt diesen Ansatz, indem sie in kleinen Miniaturen versucht, Sprachen, Erzählweisen, persönliche Erfahrungshintergründe, biografische und kulturelle Aspekte im Spiel mit der Gleichzeitigkeit, die für die auditive Dimension bezeichnend ist, in ein Verhältnis zu setzen.

> Das war mal ein Edelwohnbereich. Da war eine Straße, die hieß Froschenteich. Da wohnten so Direktoren, die hier bei Siemens und so gearbeitet haben. Das

war also eine ganz andere Sache. Und das wurde viel zerbombt, nach dem Krieg hat man viel abgerissen, man brauchte Wohnraum, weil hier halt sehr viele Flüchtlinge ankamen. Ja, dann hat man eben einfach die Stadt so verändert, wie man sie verändert hat. Dann war das hier zum Beispiel die erste fußläufige Einkaufsstraße Deutschlands, war das hier, die Schloßstraße. Da ist ja auch nicht viel Schönes übrig geblieben.

Die Miniaturen stehen in keinem expliziten Zusammenhang untereinander; aus ihrem Nacheinander entsteht aber eine Art Tableau, auf dem zwischen vielen Leerstellen vielleicht manchmal etwas aufscheint, was man als Mülheim bezeichnen könnte. Gleichzeitig entzieht sich dieses Mülheim permanent und formiert sich möglicherweise für kurze Momente wieder.

- **Ich habe gesagt, wir kommen hier rein, um uns aufzuwärmen.**
- **Ja, normalerweise müssen wir hier was verzehren.**
- **Nee, das gehört hier zum Forum, das gehört nicht zu Tschibo.**
- **Ich mein, das gehört hier zu Tschibo.**
- **Nein, das hat Forum hier reingestellt.**

Der Wechsel vom auditiven Medium zu dem der Schrift stellt einen wesentlichen Eingriff dar. *City Telling Ruhr* war konsequent auf die gesprochene Sprache, deren Aufzeichnung, Bearbeitung und Wiedergabe hin konzipiert.

> **Wobei ich mich ja immer bemühe, möglichst idiomfrei zu sprechen, was mir überhaupt nicht gelingt. Weil schlicht und einfach die Überdehnung der Vokale und die Vernachlässigung des „r"…**

In der schriftlichen Wiedergabe des Gesprochenen geht vieles verloren, was für die Arbeit wesentlich ist: Duktus, Stimmlagen, Rhythmen, Dialekte, Brüche. Schriftliche Zitate mögen einen Eindruck vermitteln, von Inhalten und sprachlichen Konstruktionen; die Vielstimmigkeit, die Mülheim auszeichnet, kommt in ihnen nur eingeschränkt zum Ausdruck. Wie wir uns dieser auch im Rahmen des Projektes *City Telling Ruhr* nur ansatzweise nähern konnten.

> **Diese Geschichten da von äh … Untreue und die Frau geht fremd und der Mann … da kommt die Frau durch den Kleiderschrank und weiß ich was: Das kenn ich alles aus der Siedlung, da brauch ich nicht extra ins Theater zu gehen.**

Die Audioarbeit ist darum in der vorliegenden Form im Prinzip nicht abgeschlossen. Sie ist mehr als ein Entwurf und gleichzeitig eine Auswahl aus dem gesammelten

Material, das seinerseits wiederum mit loser Systematik und willkürlich gesetztem Anfang und Ende generiert und gesammelt wurde.

> **Früher, Mülheim Zeche auch gehabt, mit Kohle – ist ja heute auch nicht mehr. Gießerei, Zementfabrik, war alles hier. Heute ist ein Teil abgebaut. Die Zechen sind alle weg, Zementfabrik auch. Man sagt ja Ruhrgebiet, das war immer ein Dreckloch, aber jetzt, sehr sauber.**

Präsentiert wurde sie ein erstes Mal im Rahmen der *MomentanIndustrie*[4] im September 2013 in der *dezentrale* in Mülheim, in Form einer Hörstation mit Kopfhörern. Die Idee, sie in einer vergleichbaren Form zum Beispiel im MedienHaus, einem der wenigen belebten Orte in der Mülheimer Innenstadt, über einen längeren Zeitraum für die Bevölkerung zugänglich zu machen und dadurch vielleicht weitere Gespräche anzuregen, konnte leider nicht umgesetzt werden.

> **Und was ich damals halt ganz gut fand war eigentlich, dass wir da in der Mausegatt-Siedlung gewohnt haben und schnell weg konnten. Da war ja einfach 10 Minuten Fußweg bis zur U-Bahn und dann war man schnell in Essen entweder im Kino oder dann halt in Mülheim irgendwo im Hauptbahnhof … Also, das ging echt schnell und … ja, war auch ein stückweit Jugend, schnell da wegzukommen.**

Auch die aktuelle „definitive" Version ist für das Hören über Kopfhörer gedacht: Dieses verlangt eine andere Aufmerksamkeit als das Hören über Lautsprecher und stärkt das Verhältnis der simultan sprechenden Stimmen zueinander.

> **Da hab ich mich mit Frau O. auch grad unterhalten. Ich sagte, wie schön unsere Stadt früher war. Die Schloßstraße runter mit der Straßenbahn. Eine richtig tolle Stadt waren wir doch früher hier. Keine Großstadt, aber richtig schön. Neckermann … wir hatten ja alles hier.**

ANMERKUNGEN

1. Die Sprecher bleiben anonym. Dies wurde mit den meisten von ihnen hinsichtlich der Verwendung des Audiomaterials vereinbart.
2. Das Projektteam bestand aus Ingo Starz und Tobias Gerber. Nach Abschluss der Interviews bearbeitete Tobias Gerber Teile der Gespräche für die auf der Website zur Verfügung stehende Audiomontage.
3. Aus einem der Gespräche
4. http://www.urbanekuensteruhr.de/de/projekte/momentanindustrie.27/

Die Audiocollage findet sich auf der Website zu dieser Publikation:
http://blog.zhdk.ch/labormuelheim/

CREATIVITY TO GO
„BITTE UM KREATIVITÄT"

Ute Holfelder und Klaus Schönberger
(Kreativitätskombinat Klein Riviera)

Im Zuge des Niedergangs der Montanindustrie wird momentan im Ruhrgebiet von ganz unterschiedlichen Akteuren ein Strukturwandel in Richtung *creative industry* gefordert und gefördert. Das ursprünglich auf die New-Labour-Regierung von Tony Blair zurückgehende politische Agenda-Setting hat ihren Niederschlag auch bei der Wirtschaftsförderung Metropole Ruhr gefunden: „Die Kultur- und Kreativwirtschaft ist eine Zukunftsbranche mit einer besonderen Relevanz für die moderne Produktions- und Wissensgesellschaft. Die Branche sichert Beschäftigung und trägt mit ihrer Bruttowertschöpfung in wachsendem Maße zum volkswirtschaftlichen Gesamtprodukt bei."[1]
Allerorten wird man im Ruhrgebiet mit derselben Behauptung konfrontiert: Wir sind kreativ und hier sei die *creative class* gefragt. Die Wirtschaftsförderung erklärt: „Künstler und Kreative sind wichtige Akteure für die Erneuerung des Ruhrgebiets. Sie greifen aktiv in die Gestaltung der Metropolregion ein, geben dem Wandel des Ruhrgebiets Inspiration und Antrieb – und das bereits seit langem. So waren es in vielen Fällen künstlerische Experimente, kreative Zwischennutzungen und mutige Geschäftsideen, welche die Neunutzungen industriekultureller Orte und die Initiierung neuer wirtschaftlicher wie sozialer Entwicklungen ermöglicht haben. Für die Kreativen selbst bietet die Region mit ihren dynamischen Veränderungsprozessen spannende Pionier- und Gestaltungsräume. Im Motto der Kulturhauptstadt RUHR.2010 ‚Kultur durch Wandel – Wandel durch Kultur' klingt das an."[2]

Diese Textpassagen folgen in wesentlichen Zügen der Argumentation von Richard Florida: Seine zentrale These besagt, dass menschliche Kreativität im 21. Jahrhundert zum Motor ökonomischer Entwicklung avanciere, ergo die Wettbewerbsfähigkeit von Staaten und Städten zunehmend auf deren Fähigkeit beruhe, Talente anzuziehen, zu binden und zu „nähren". Talente avancieren zum entscheidenden Produktionsfaktor. Die menschliche Kreativität sei „das bestimmende Merkmal im Wirtschaftsleben. Kreativität wird geschätzt – und Methoden entstanden, sie zu fördern und zu nutzen –, denn aus ihr entspringen neue Technologien, neue Industrien, neuer Wohlstand und alle anderen Dinge, die der Wirtschaft gut tun".[3]

Eine kritische Betrachtung macht allerdings deutlich, inwiefern die Kreativwirtschaft eine insbesondere über Medien inszenierte „virtuelle Branche" darstellt, deren „einheitliche Förderung (…) zu hinterfragen ist".[4] Auch am Beispiel des Ruhrgebiets kann von der Erfindung einer Metropole im Sinne einer *imagined community*[5] gesprochen werden. Bezeichnend dabei ist die Anrufung einer imaginierten Zukunft als Kreativmetropole, die sich deutlich von der Praxis unterscheidet, Territorien als historisch gewachsene Einheiten zu konstruieren: „Mehr als 5 Millionen Einwohner erleben zurzeit, wie ihr postindustrielles Ruhrgebiet im Westen Deutschlands sich zum spannenden europäischen ‚place to be' wandelt. Eine werdende Metropole im Selbstfindungsprozess nach der Kulturhauptstadt 2010. Besondere Kennzeichen: Industriekultur als Teil des kollektiven Gedächtnisses – und als inszeniertes Massenereignis."[6] Neu ist dabei, dass *the making of* der Metropolregion sowohl über die Imaginierung der Zukunft als auch über die Bezugnahme auf die Geschichte als Begründung für einen Strukturwandel angerufen wird.

KREATIVITÄT SAMMELN

Im Rahmen der Urbanen Künste Ruhr und des Labor Mülheim der Zürcher Hochschule der Künste (ZHdK) haben wir uns als Zürcher Ethnografenteam in Mülheim auf die Suche nach „Kreativität" begeben. Dafür performierten wir uns als Bettelnde: Wir hatten Bettelkarten mit der Aufschrift „Bitte um Kreativität" und führten als weiteres Bettelinsignium – in Anlehnung an Pappbecher, die Bettelnde oft vor sich stellen – kleine Dosen mit uns, in die wir nun allerdings kein Münzgeld, sondern Aussagen und Assoziationen zu „Kreativität" sammeln wollten. In der Mülheimer Fußgängerzone, in der jedes dritte Geschäftslokal leer steht, sprachen wir Passanten an.[7] Wir stellten uns auch still an den Straßenrand oder mitten in die Fußgängerzone, hielten unsere Bettelkarten vor uns und beobachteten die Reaktionen der Vorübergehenden. Wir suchten Cafés und Gaststätten auf und unterhielten uns mit Vertretern des Kulturlebens und des Stadtmarketings. Wir wollten von verschiedenen Akteuren erfahren, was sie unter dem Begriff der Kreativität verstehen.

Künstler sind kreativ sowie Musiker und Schriftsteller. Diese Koppelung bekamen wir bei unserer Straßenbefragung präsentiert, aber doch eher peripher und von bildungsbürgerlich beflissenen Personen: Joseph Beuys ist kreativ, sagte der Museumsleiter des Kunstmuseums und ein junger Mann führte die in Mülheim gegründete Künstlergruppe AnDer und den Buch- und Kalenderkünstler Peter-Torsten Schulz an. Der Verweis auf die Kunst ist aber für alle Befragten allenfalls ein Aufhänger, um auf eine breite Grauzone von Kunst, Beruf und Alltagsleben zu sprechen zu kommen, in der ihrer Ansicht nach Kreativität zu finden sei.

Den Assoziationsraum Kreativität und schöne Künste bediente beispielsweise ein aus Hamburg angereister Gast im Mülheimer Ringlokschuppen. Nachdem er sich selbst zunächst angesichts unserer Fragen mit den Worten „bei mir ist die Kreativität nicht so wahnsinnig ausgeprägt" distanzierte, erinnerte er sich an eine Jazzsession in einem Mülheimer Club und fügte dann an, dass er selbst musiziere: „Ich mache ziemlich viel Musik und es wird dann kreativ, wenn ich selbst etwas geschrieben habe, oder wenn ich – das macht mir am meisten Spaß – mit anderen zusammen spiele, wenn ein *Wechselspiel* entsteht, wenn etwas *Neues* entsteht."

Der Begriff „Kreativität" wandert also von einem professionellen Kontext in die Alltagswelt des Befragten und wird als Ausdruck der eigenen Schöpferkraft und als Modus der Selbstverwirklichung interpretiert.

Musik aus dem Laienbereich, etwa regelmäßig stattfindende Konzerte der Jugendmusikschule, wurden ebenso mit dem Begriff der Kreativität verknüpft wie das Tanzen. Ein Mittvierzigerpaar erzählte uns: „[Er:] Wir tanzen, relativ frei, zum Beispiel bei Salsa, also ohne Regeln. Der Mann führt, er muss sich was einfallen lassen, die Frau spürt, sie folgt. Das ist auch kreativ. Wir lassen uns auch frei und folgen der Musik." „[Sie:] Das ist ein schönes Beispiel, da kommt auch meine Kreativität zum

Einsatz; auch wenn der Mann führt, hat die Frau ihre Tricks, wie sie sich durchsetzen kann."

Kreativ sein bedeutet gemäß dieser Lesart, in einem vorgegebenen Rahmen etwas Neues und dabei *sich selbst* auszuprobieren. Das heißt: Kreativität wird ein Teil der Subjektivierungsweise, indem sie als jeweilige Fähigkeit mit der eigenen Lebenssituation verwoben wird.

Als „kreativ" wurde uns dementsprechend ein buntes Sammelsurium an Aktivitäten angeboten, das eng verknüpft ist mit den jeweils individuellen Lebenssituationen. Kreativ ist: „die Gestaltung unserer neuen Wohnung"; „der Umgang mit unseren Enkelkindern"; „Bürgerinitiativen"; „bayerischer Fußball"; „jeden Mittag ein Essen kochen"; die Politikerin Hannelore Kraft; „das Leben zu bewältigen"; „es schaffen, aus dem Leben für sich etwas Schönes zu machen"; „Probleme in der sozialen Arbeit zu lösen". Und selbstverständlich sind Kinder kreativ. Kreativität also als „umfassende Lebens- und Überlebenskunst", wie es eine der von uns Befragten formulierte?

Auf der semantischen Ebene verbinden sich in den Aussagen der Befragten zum Begriff Kreativität Vorstellungen, die mit Schlagworten wie Gestaltung, Problemlösung, Innovation, Individualität und Organisationsgeschick umrissen werden können und die als Fähigkeit und Kompetenz auf das jeweilige Konzept alltäglicher Lebensführung bezogen werden.[8]

Vor dem Hintergrund dieser vielfältigen Bedeutungen haftet dem Kreativen gerade in seinem inflationären Gebrauch und seiner prosaischen Unbestimmtheit eine spezifische Ästhetik sowie der Nimbus des Außergewöhnlichen, der Individualität, des Respekt einflößenden, der Schönheit und des Zauberhaften an.

Wie lassen sich nun diese Aussagen in einem allgemeineren theoretischen Horizont kontextualisieren? Wie ist es zu erklären, dass der Begriff der Kreativität Einzug in alltägliche Lebensführungskonzepte gehalten hat, auch in Form des Begriffs der Kreativindustrie, der im Gegensatz zur Kulturindustrie durchweg positiv besetzt ist[9] und als eine Selbstzuschreibung entweder als bereits erworben oder als erstrebenswert angesehen wird?

KREATIVITÄT – EIN LEERER SIGNIFIKANT?

Hilfreich für die Beantwortung dieser Fragen erscheint uns Ernesto Laclaus Konzept des „leeren Signifikanten".[10] Zur Erinnerung: In der klassischen Zeichentheorie Ferdinand de Saussures ist der *Signifikant* das Bezeichnende/der Bezeichner (der Laut oder das Graphem, „das Wort") und das *Signifikat* das Bezeichnete (der Inhalt, der Gegenstand, auf den der Signifikant verweist). Wenn Ernesto Laclau vom leeren Signifikanten spricht, behauptet er, dass der Signifikant lediglich als Worthülse fungiere und auf höchst unterschiedliche Signifikate verweise. Ein idealtypischer leerer Signifikant zeichnet sich durch ein relativ hohes Abstraktionsniveau seines Signifikats aus und verfügt über semantische Querverweise. Seine Ungenauigkeit und Vagheit machen es möglich, dass das Signifikat wie ein leerer Behälter in unterschiedlicher Weise mit Sinn gefüllt und unterschiedlichen Verhältnissen angepasst wird. So wie es bei dem Begriff „Kreativität" der Fall ist.

Kreativität ist, wie Hartmut von Hentig schreibt, *ein*, wenn nicht *das* „Heilswort" der Gegenwart, in ihm findet die Epoche das „Richtmaß für die Vorstellung vom ihr aufgetragenen Leben".[11] Der Begriff beinhaltet überaus ideologische Züge und kann als strategische Anrufung im Umgang mit den Innovationszwängen des Postfordismus interpretiert werden. Ideen entwickeln, Probleme lösen, innovativ sein: dies sind die Anforderungen – nicht nur an die „kreative Klasse".

Der springende Punkt ist, dass in der Ideologie der Kreativwirtschaft offensichtlich nicht mehr die formale Qualifikation entscheidend für die ökonomische Produktivität ist, sondern die kreative Kompetenz derjenigen, die in irgendeiner Weise innovativ arbeiten.

Gemäß Ulrich Bröckling ist das mit dem Begriff der Kreativität verknüpfte problemlösende Denken zur Leitmetapher avanciert, die die anderen Konzepte zwar nicht verdrängt, aber in ihren Dienst stellt.[12] Die Angehörigen der „kreativen Klasse" zeichnen sich laut Richard Florida dadurch aus, dass sie Kapital aus ihren Kompetenzen und Fähigkeiten zu machen wissen. Der zentrale Ort, an dem dies stattfinde, sei die globalisierte Kultur gegenwärtiger Metropolen und Großstädte.

In den Erzählungen über die *creative city* werden neben der Kreativität auch das Wissen und der Lebensstil zur Ware.[13] Dazu zählt Adrienne Goehler die Populär- und To-Go-Kultur, die vergleichsweise jungen Kommunikations- und Dienstleistungsunternehmen, den Fitnesskult und einen hedonistischen Wertehorizont. All das soll entscheidend zur („kreativen") Produktion und Reproduktion von Alltagsleben, Ökonomie und Gesellschaft beitragen. Richard Florida postuliert: „Die Kreative Klasse ist die normensetzende ‚Klasse' unserer Zeit. Aber ihre Normen sind anders: Individualität, Selbstausdruck und Offenheit für Verschiedenartigkeit werden der Homogenität, Konformität und dem ‚Fitting in' vorgezogen, die für das Zeitalter der Organisationen kennzeichnend waren."[14]

Die Probe aufs Exempel erfolgte im Sommer 2013 in Mülheim, einer Stadt deren Standortmarketing in der oben beschriebenen Weise auf den Begriff der Kreativität Bezug nimmt.

CREATIVE CITY MÜLHEIM?

Bei unserer Aktion fragten wir Mülheimer auch, ob ihre *Stadt* kreativ sei. Wiederum konnten wir eine breite Palette an Antworten in unsere Betteldosen sammeln mit verschiedenen Semantiken, die sich entlang der Achsen Hochkultur, Alltagsleben und Stadtpolitik/Stadtgestaltung bewegten und die uns Hinweise auf den Versuch einer Kulturalisierung von Stadt und Region gaben. Schlagwortartig riefen einige der Befragten einen erweiterten bildungsbürgerlichen Kanon ab: Das Theater an der Ruhr sei kreativ, Musiker, Künstlerkreise, der aus Mülheim stammende Helge Schneider und wiederum der Buch- und Kalenderkünstler, Maler, Dichter, Fotograf und Designer Peter-Torsten Schulz. In diese Reihung fiel auch der Hinweis auf das Haus Ruhrnatur und das Historische Museum im Schloss Broich. Die Assoziationskette verlief von der Kreativität in der Kunst über Kunst als Bildungsinstitution hin zu anderen kulturellen Einrichtungen, die historisches, heimatkundliches oder naturkundliches Wissen vermitteln. Das heißt: die Bereiche Kreativität, Bildung und Kultur wurden amalgamiert.

Die meisten der Befragten hielten sich allerdings bedeckt, sprachen distanziert von „Künstlerkreisen", die ihnen unbekannt seien oder davon, dass „in Mülheim einiges los sei", man sich aber nicht „auskenne". Sie partizipieren also nicht an diesen von ihnen mit Kreativität konnotierten Bereichen, was wir als Hinweis der eigenen Verortung bezüglich der sozialen Zugehörigkeit interpretieren. Die Games Factory Ruhr – ein aus der Perspektive des Mülheimer Standortmarketings klassisches *creative cluster* der Kreativwirtschaft –, die Software insbesondere für Computerspiele entwickelt, kannte nur der Museumsleiter.

Die Stadt Mülheim investiert in die Kreativwirtschaft. Doch was kommt bei den Bewohnern an, denen eine Mentalität nachgesagt wird, die geprägt sei von einem patriarchalischen Selbstverständnis der untergegangenen Großbetriebe, „das den Angestellten und Arbeitern die Illusion der übermächtigen und beschützenden Hand vermittelte"[15]? Und bei denen die Herausbildung unternehmerischer Eigenschaften oder die Fähigkeit zur Selbstorganisation nicht ausgeprägt sei, sondern eher die „Orientierung an Obrigkeit, die zu einem gewissen Teil das eigene Denken ‚ersetzte'"[16]. Eckart Pankoke[17] diagnostiziert für die Ruhrgebietskultur eine besondere „Atmosphäre steter Betreutheit" und einen „Geist der Immobilität", der zunächst einmal ein Hindernis für die Herausbildung von kreativen Clustern darstelle. Auch Martina Heßler hat in ihrer historisch argumentierenden Studie zur kreativen Stadt als „Neuerfindung eines Topos" darauf hingewiesen, dass im Unterschied zu historisch gewachsenen kreativen Städten wie New York oder Wien „die Versuche, kreative Milieus neu zu schaffen, sie zu etablieren, sie zu inszenieren (…) nur bedingt erfolgreich sind".[18]

Vor diesem Hintergrund fragten wir: „Ist die Stadt Mülheim kreativ?" Dazu eine Passantin: „Kreativität finden Sie im Ruhrgebiet, wenn Sie sehen, dass das Ruhrgebiet früher eine Kohleabbau- und Arbeiterkultur war und was man aus den Städten jetzt macht. Überall sieht man den Wandel im Ruhrgebiet. In Mülheim zum Beispiel die Umwandlung der Innenstadt, leider läuft die schon etwas zu lange. Die *Ruhrbania*[19] – da steckt viel Kreativität drin, da wird viel gebaut, auch ein Binnenhafen." Kreativität wird hier wiederum mit der Konnotation des Gestaltens und der Innovation versehen und mit der Um- und Aufwertung der Stadt in Verbindung gebracht.

Neben Personen, die die Aufwertung der Innenstadt thematisieren, wurden wir erwartungsgemäß mit Klagen über das Ladensterben in der Innenstadt konfrontiert.

Jugendliche vermissen Angebote wie Festivals und Ladenketten wie den Sportschuhanbieter Footlocker. Hier wird der Kreativitätsdiskurs mit Vorstellungen der Stadt als Konsumort und Erlebnisraum verbunden.

Dagegen der Museumsleiter: „In der Stadt Mülheim findet immer weniger Kreativität statt, weil sie immer mehr zur Rentnerstadt wird: Jeder sucht Ruhe und Frieden." Es fehlt also an Dynamik.

Aber die Stadt sinnt nach kreativen Auswegen, auf die sich auch unsere Befragten bezogen, zum Beispiel den mittlerweile schon dreimal durchgeführten Mülheimer Schaufensterwettbewerb, konzipiert von der Mülheimer Wirtschaftsförderung und der Mülheimer Kreativwirtschaft. Für einen Monat wird die Mülheimer Innenstadt in eine „Kunstmeile auf Zeit" verwandelt. 56 Künstler, Kreativgruppen und Schulklassen gingen im Herbst 2013 eine Allianz mit den Einzelhändlern ein und gestalteten unter dem Motto „Ich sehe was, was du nicht siehst, und das ist …!" die Schaufenster in 13 Geschäftsstraßen. Neben dem Fachpreis der Jury war auch ein Publikumspreis der Herzen ausgeschrieben. Ziel der Aktion ist es, laut einer der Organisatorinnen, zu zeigen, „wie viel Kreativpotenzial in unserer eigenen Stadt steckt".[20] Angesichts des Ladensterbens und der vielen leergeräumten Schaufenster in der Fußgängerzone, wirkt diese Aktion – zumindest für von außen kommende deutsch-schweizer Ethnografen, die den Ruhrgebiets-Kreativitätsdiskurs erforschen wollen – wie ein Bastelnachmittag. Künstler und Bürger spenden Kreativität: um das Image angesichts der Tristesse aufzupolieren, um Kaufkraft anzukurbeln oder zu simulieren, um eine Identität der Stadt zu performieren? Zynisch ließe sich anmerken: die Ästhetisierung der Stadt, eine Dimension des Umbaus der Städte gemäß der Vorstellung der *creative city*, wird nicht mit protzigen Repräsentationsbauten geleistet, sondern findet hier auf Bastelkreisniveau statt beziehungsweise erfolgt in der Logik des Prinzips der Soziokultur[21], das insbesondere in Nordrhein-Westfalen seit den 1970er Jahren vorsah, partizipatorische Momente in die kommunale Kultur- und Jugendarbeit einzuführen.

In dieselbe Richtung weist der sogenannte Preis der KreativKraft Mülheim[22] – mit dem Unterschied, dass nicht die kommunale Wirtschaftsförderung mit im Boot sitzt, sondern die Aktion von einem Zusammenschluss zwölf Kreativschaffender in Mülheim organisiert und getragen wird. „Mülheim sieht kaputt aus, aber da ist noch was zu retten", meint der Designer Hermann Rokitta und möchte Menschen auszeichnen, „die andere begeistern – weil sie etwas Einzigartiges geschaffen haben, durch besondere Leistung oder hervorragende Qualität beeindrucken oder als Unternehmer etwas Unvergleichbares produzieren".[23] Übergeordnetes Ziel ist es, ein neues Stadtbewusstsein zu schaffen: Kreativität als Bürgersinn.

Was passiert da eigentlich – fragten wir uns. Verschiedene Akteure performieren die Stadt Mülheim als kreative Stadt. Sie sind dabei auf die Mitwirkung der Bevölkerung angewiesen. Es hat den Anschein, als ob die Stadt Mülheim regelrecht um

Kreativität bettele, da diese inzwischen wie Kohle – aber eben nicht unmittelbar an der Erdoberfläche, sondern in der Subjektivität der Bewohner – geschürft werden kann.

Der Abbau und das Schürfen von Kreativität bedürfen nicht nur des ökonomischen Kapitals, sondern auch des bereits Vorhandenseins der Kreativität und ihres Einsatzes, was eine Passantin im Zusammenhang mit der *Ruhrbania* nüchtern konstatierte: „Kreativität braucht man auch, um zu gucken, wo kommt das Geld her. Für Ideen ist immer zu wenig Geld da."

Im Klartext zielt das zum einen darauf ab, dass kreative Ideen (wie Patente) kaum hinreichend sind, sondern des Risikokapitals oder der Joint Ventures bedürfen, zum anderen bedeutet eine solche Feststellung, dass hierzu auch öffentliche Gelder aus den kommunalen Haushalten gefragt sind. In diesem Sinne ist Kreativität eine notwendige, aber keinesfalls eine ausreichende Voraussetzung kommunaler oder regionaler Entwicklung. Und da öffentliche Gelder knapp sind, ist der Diskurs über Kreativität auch ein politischer, der andere Ansprüche beschränken hilft.

KREATIVITÄT ALS GOUVERNEMENTALES PROGRAMM?

Im Verlauf des Forschungsprozesses kamen wir mehr und mehr zu der Erkenntnis, dass im Zuge der gegenwärtigen gesellschaftlichen Umgestaltung das „Betteln um Kreativität" im Zentrum der Diskurse um Kreativwirtschaft, kreative Klasse und *creative city* Teil eines gouvernementalen Programms darstellen könnte. Vor dem Hintergrund des landläufigen Verständnisses von Kreativität, die zwar jeder besitze, aber in unterschiedlichem Maß und keineswegs gleich verteilt, und die auch kaum kontrollierbar erscheint, haben wir um Kreativität gebettelt. Das beinhaltet einige Implikationen in Bezug auf die Bestimmung dessen, was Kreativität in diesem Setting ausmacht:

1. Kreativität ist eine Währung[24]
2. Kreativität lässt sich akkumulieren
3. Kreativität ist eine Ware
4. Kreativität ist prekär

Das Spezifische an unserem Bettelexperiment war der Versuch, Kreativität als Ware zu exponieren und jenen blinden Fleck in der gegenwärtigen Kreativitätsideologie sichtbar zu machen, den der leere Signifikant elegant umschifft.
Die Kraft und Wirkungsmächtigkeit der Anrufung von Kreativität besteht nicht zuletzt darin, dass diese nach wie vor im Alltagsverständnis als etwas Nicht-Warenförmiges imaginiert wird. Weil dies diskursiv immer noch gelingt, nimmt Kreativität die Funktion eines leeren Signifikanten im Diskurs um Kreativwirtschaft, *creative city* oder *creative class* ein. Die Charakteristika des Ungebändigten, Schöpferischen und Innovativen, die dem Begriff eingeschrieben erscheinen, stehen dem Versuch gegenüber, Kreativität als Ware *verhandelbar* zu machen.
Die angerufene Warenförmigkeit hängt in paradoxer Weise mit der Zuordnung zum Kultur- und Kunstfeld zusammen.[25] Wenn wir den Postfordismus bzw. den kognitiven Kapitalismus dadurch charakterisieren können, dass hier bisher nicht warenförmige „Dinge und menschliche Tätigkeiten in Waren verwandelt und kommerzialisiert werden"[26], so ist gleichzeitig festzuhalten, dass in Anlehnung an Karl Marx und im Gegensatz zu kulturkritischen Diskursen das „Zur-Ware-Werden" als „radikal ambivalenter Prozess" zu beschreiben ist.[27] Es geht dann nicht darum gegen Richard Florida und in sozialromantischer Manier jener Kulturkritik das Wort zu reden, wonach Kreativität – ähnlich wie Kunst – das von der Warenform Unbefleckte, respektive das von der Kommodifizierung Geschändete sei.[28]
Wenn man mit Andreas Reckwitz betont, dass Kunst „nicht mehr das kulturell Andere der Gesellschaft" sei, sondern deren innerster Teil, erscheint auch die Warenförmigkeit von Kunst (und Kreativität) kein Widerspruch mehr. Denn: Im „desorganisierten Kapitalismus", so Reckwitz, sei der alte Widerspruch von Kunst und Ökonomie verschwunden – und das Ästhetisch-Schöpferische mit dem Unternehmerischen eine innige Verbindung eingegangen.[29] Es lässt sich darüber hinaus behaupten, „dass die erhöhte Bedeutung, die der Kultur im Neoliberalismus zugeschrieben wird, nicht bloß zufällige Begleiterscheinung ist, sondern eine systemische Eigenschaft des vorherrschenden Akkumulationsregimes".[30] Alle, die sich im Wettbewerb behaupten müssen, sind dem „Kreativitätsimperativ"[31] ausgesetzt und insofern ist Kreativität Teil eines gouvernementalen Programms, quasi ein Modus der Fremd- und Selbstführung.

An diesem Punkt kommt im Diskurs um die Kreativwirtschaft nun die Argumentation von Richard Florida zum Tragen. Ihm zufolge bedingt vor allem die *creative class* die Produktivität der Informationsgesellschaft. Die Konsequenz davon ist, dass die öffentliche Wirtschaftsförderung ebenso wie die Unternehmensstrategien vor allem im Sinne der Interessen und Wünsche dieser häufig nur imaginierten *creative class* zu erfolgen haben. Entsprechend fallen die Appelle der Kreativwirtschaftsstrategie im Ruhrgebiet aus. Imaginiert werden soll ein attraktives und die *creative class* stimulierendes urbanes Umfeld, das sich an ihren Bedürfnissen und ihren Kommunikations- und Konsumpraktiken orientiere. Und das funktioniert vor allem deshalb, weil alle kreativ sein möchten.

Einmal auf diese Linie eingeschwenkt, wird Kreativität gleichermaßen zu einer zu bändigenden Ressource, einem Rohstoff, den es zu heben gilt, wie zur Währung, mit der bezahlt werden muss, um im globalen Standortwettbewerb mitbieten zu können.[32] Mehr noch, der kreative Imperativ befördert eine Entwicklung, die man als eine erweiterte „ursprüngliche Akkumulation" bezeichnen könnte, weil nunmehr auch jene Lebensbereiche vermarktlicht werden, die bisher nicht überwiegend warenförmig strukturiert waren: „Während früher Markt und Marktbeziehungen als etwas Äußerliches gelten konnten – als Dinge also, denen man sich entgegenstellte und für die es Alternativen zu finden galt –, wird der Markt heute zunehmend zum bevorzugten Terrain der kreativen Aushandlung aller Lebensbedingungen. Der kulturelle Markt steht nicht mehr im Gegensatz, sondern ist untrennbar Teil einer Kultur, die im Übrigen eher anthropologisch als ‚Lebensweise' zu verstehen ist."[33]

Dies gilt inzwischen nicht mehr nur für den (kulturellen) Markt, sondern auch für die Subjektivität insgesamt. *Creativity to go* fungiert dabei als ein Gefäß, das die unterschiedlichen Akteure je nach Belieben füllen und instrumentalisieren können. In Mülheim wie andernorts.

ANMERKUNGEN

1 Vgl. Website der Wirtschaftsförderung Metropole Ruhr (2014): http://business.metropoleruhr.de/leitmaerkte/freizeit-und-events/exkurs-kreativwirtschaft/standortvorteile.html, 01.08.2014. Vgl. auch: Heinze, Rolf G./Hoose, Fabian: „RUHR.2010. Ein Event als Motor für die Kreativwirtschaft?". In: Betz, Gregor/Hitzler, Ronald/Pfadenhauer, Michaela (Hg.): *Urbane Events*. Wiesbaden 2011, S. 351–367, hier S. 351: „Wie (…) anschaulich gezeigt werden kann, wird die Kreativwirtschaft (bzw. in ähnlichen begrifflichen Deutungen die creative industries, creative economies, Kulturwirtschaft etc.) zunehmend als ein relevanter Bestandteil der Wirtschaft angesehen. Sie soll darüber hinaus gleichzeitig als ‚Innovationsmotor' für weitere Branchen fungieren (…)."
2 Ebd.
3 Ebd. Vgl. auch Florida, Richard: *The Rise of the Creative Class. And How It's Transforming Work, Leisure and Everyday Life*. New York 2002
4 Siehe Heinze, Rolf G./Hoose, Fabian, Endnote 1, S. 351 f.
5 Vgl. hierzu das Konzept der *imagined communities* von Anderson, Benedict: *Die Erfindung der Nation. Zur Karriere eines folgenreichen Konzepts*. Frankfurt a. M. 1988
6 Teaser der Website „Labkultur – StadtWandelZukunft. Europäisches Webmagazin" (2014): http://www.labkultur.tv/city/metropole-ruhr, 01.08.2014. LABKULTUR.TV ist ein europäisches Web-TV für Kultur und Kreativität. Es berichtet über Städte in der Welt des digitalen und gesellschaftlichen Wandels, untersucht den Einfluss von Kultur auf die Stadtentwicklung und analysiert die Produktions- und Lebensbedingungen von Künstlern und Kreativen. LABKULTUR.TV begreift Kultur und

	Kreativität als Antriebsmotor urbaner Zukunft. Es ist ein Projekt der ecce GmbH (european centre for creative economy / Europäisches Zentrum für Kreativwirtschaft).
7	Die Interventionen wurden vom 23. bis 26. Juni 2013 in der Mülheimer Innenstadt durchgeführt. Wir bedanken uns bei all denjenigen, die sich auf unser Bettelexperiment eingelassen und uns wichtige Hinweise auf ihr Verständnis von Kreativität gegeben haben.
8	Vgl. auch die von Ulrich Bröckling in Anschluss an Hans Joas aufgeführten sechs Topoi kreativen Handelns: künstlerisches, handwerkliches und problemlösendes Handeln, die Revolution als befreiendes Handeln, das Leben als biologische Gegebenheit und das ludische Handeln. Bröckling, Ulrich: „Kreativität". In: Bröckling, Ulrich/Krasmann, Susanne/Lemke, Thomas (Hg.): *Glossar der Gegenwart*. Frankfurt a. M. 2004, S. 139–145, hier S. 140
9	Vgl. hierzu Raunig, Gerald: „Kreativindustrie als Massenbetrug". In: Raunig, Gerald/Wuggenig, Ulf (Hg.): *Kritik der Kreativität*. Wien 2007, S. 67–77. Online verfügbar unter: http://eipcp.net/transversal/0207/raunig/de, 01.08.2014
10	Laclau, Ernesto: *Emanzipation und Differenz*. Wien 2002
11	Zit. nach Bröckling, Ulrich: *Das unternehmerische Selbst*. Frankfurt a. M. 2007, S. 152
12	Ebd., S. 159
13	Vgl. hierzu insbesondere: Willis, Paul: „Kulturelle Waren, symbolische Arbeit und eine Hegemonie in Bewegung". In: Bescherer, Peter/Schierhorn, Karen (Hg.): *Hello Marx. Zwischen „Arbeiterfrage" und sozialer Bewegung heute*. Hamburg 2009, S. 149–174
14	Zit. nach Goehler, Adrienne: *Verflüssigungen. Wege und Umwege vom Sozialstaat zur Kulturgesellschaft*. Frankfurt a. M./New York 2006, S. 115
15	Siehe Heinze, Rolf G./Hoose, Fabian, Endnote 1, S. 360
16	Ebd., S. 360
17	Pankoke, Eckart: „Regionalkultur? Muster und Werte regionaler Identität im Ruhrgebiet". In: *Informationen zur Raumentwicklung*. H. 11, 1993, S. 759–768
18	Heßler, Martina: *Die kreative Stadt: Zur Neuerfindung eines Topos*. Bielefeld 2007, S. 322
19	Die *Ruhrbania* ist ein dezentrales Stadtentwicklungskonzept mit mehreren Teilprojekten, das seit dem Jahr 2003 entwickelt und umgesetzt wird. Vgl. Projektwebsite „Ruhrbania – Mülheim an der Ruhr." http://www.ruhrbania.de/cms/ruhrbania.html, 01.08.2014
20	„Kunstvoll: Mülheimer Schaufensterwettbewerb 2013 gestartet". Website der Mülheimer Business GmbH. http://www.muelheim-business.de/cms/kunstvoll_muelheimer_schaufensterwettbewerb_2013_gestartet.html, 01.08.2014
21	Knoblich, Tobias J.: „Das Prinzip Soziokultur – Geschichte und Perspektiven". In: *Aus Politik und Zeitgeschichte*. Bd. 51, Nr. 11, 2001, S. 7–14
22	Lokalkompass.de – Bürger-Community für Mülheim an der Ruhr: „The winner is … – Preis der KreativKraft Mülheim wird vergeben". http://www.lokalkompass.de/muelheim/leute/the-winner-is-preis-der-kreativkraft-muelheim-wird-vergeben-d310732.html, 01.08.2014
23	Interviewzitat
24	„250 Städte auf der Welt nennen sich heute ‚Kreative Stadt'. Aber was ist der Vorteil? – Kreativität ist die neue Währung. Viele Leute fragen, was der Wert von Kreativität sei. Ich sage: Was kostet es, nicht über Kreativität nachzudenken? Darin liegt der große Wandel." Charles Landry: *Creative Cities and Creative Business – International Experiences* (20.11.2010). Zit. nach Stadt Dortmund, Wirtschaftsförderung: Charles Landry. http://www.wirtschaftsfoerderung-dortmund.de/de/region/kreativequartiere/03_landry.jsp, 01.08.2014
25	Es ist die Nähe zu diesem Feld, die quasi den Sexappeal des Begriffs ausmacht und das Begehren auf ihn zu lenken vermag. Nicht-Kreativ-Sein ist kein mögliches Begehren. Wir beobachten hier mannigfaltige Versuche, Kreativität zu akkumulieren und zu vermehren. Ulrich Bröckling hat in seiner Charakterisierung des Begriffs darauf hingewiesen, dass der gegenwärtige Diskurs über Kreativität zwei Pole aufweise: Entfesselung auf der einen Seite und Steuerung bzw. Domestizierung auf der anderen Seite. Siehe Bröckling, Ulrich, Endnote 8, S. 140
26	Wallerstein, Immanuel: *Die Sozialwissenschaften kaputtdenken*. Weinheim 1995 (1991), S. 32 f.
27	Haug, Wolfgang Fritz: „Stichwort Kommodifizierung". In: *Historisch-Kritisches Wörterbuch des Marxismus*. Bd. 7/II, Berlin 2010, S. 1243–1255, hier S. 1254
28	„Zumal der rhetorisch häufig behaupteten Inkompatibilität der Warenform mit kulturellen Gütern und zumal Kunstwerken ist entgegenzuhalten, dass letztere historisch ihre Existenz der entfesselten Ware-Geld-Beziehungen verdanken." Ebd.
29	Reckwitz, Andreas: *Die Erfindung der Kreativität*. Berlin 2012, S. 138 und S. 145
30	Medosch, Armin: „Die kreative Normierung". In: *Kulturrisse*. 1/2010. http://kulturrisse.at/ausgaben/creative-bubbles/oppositionen/die-kreative-normierung,15.10.2013
31	Siehe Reckwitz, Andreas, Endnote 29, S. 15
32	Mit Jamie Peck können die Grundlagen eines gouvernementalen Projekts umrissen werden: „Das Kreativitätsskript kodiert ein faszinierendes ‚ökonomisches Imaginäres', in dem kultureller Libertarismus, zeitgenössische Motive der Stadtplanung und neoliberale ökonomische Imperative eine Verbindung eingehen. (…). Derart etablieren sich sanft-disziplinäre Arten einer Gouvernementalität des Kreativen, die sich auf diktatorischen Individualismus, gnadenlose Innovation und Produktivität rund um die Uhr stützen." Peck, Jamie: *Das Kreativitätsskript* (2009). http://www.eurozine.com/articles/2008-11-19-peck-de.html, 01.08.2014 und in: *Wespennest*. 153, 2008, S. 102–109
33	Willis, Paul: „Kulturelle Waren, symbolische Arbeit und eine Hegemonie in Bewegung". In: Bescherer, Peter/Schierhorn, Karen (Hg.): *Hello Marx. Zwischen „Arbeiterfrage" und sozialer Bewegung heute*. Hamburg 2009, S. 149–174, S. 149 f.

BATTLE THE LANDSCAPE!

knowbotiq

„Der Kapitalismus strebt unablässig danach, eine soziale und physische Landschaft nach seinem eigenen Bild zu schaffen und diese zu einem bestimmten Zeitpunkt nach seinen Bedürfnissen auszustatten, nur um diese Landschaft zu einem späteren Zeitpunkt genauso sicher zu untergraben, auseinander zu nehmen oder gar zu zerstören."[1]

PROTOKOLLE AUS DER ZWISCHENLANDSCHAFT

knowbotiq initiierte zusammen mit Street-Art-Tänzern, Bergmännern und fiktiven Figuren forschende Passagen durch den mittlerweile nahezu vollständig abwesenden Kohlebergbau im Ruhrgebiet. Man bewegte sich physisch und imaginär in vertikalen, großflächig vom Bergbau unterhöhlten Landschaften, stieß auf die lokale, eruptive Historie von Ruhr-Kapitalunternehmungen, driftete auf Karten der Steiger und Seismologen, entwarf diagrammatisch Blicke und unsichtbare Tänze. Das Projekt entwickelte Lesarten und Verknüpfungen, die die Gegenwärtigkeit dieser Ruhr-Landschaften als vergangene und zukünftige Assemblagen interpretierte: eine Verkettung aus ekstatischen Formationen geologischer Ausbeutungen, männlicher Bergbauleidenschaften, post-digitaler Algorithmen und Sense-Technologien. Der lahm gelegte Kohlebergbau im Ruhrgebiet birgt die intensive und beschleunigte Geschichte einer kapitalisierten Landschaft und offenbart sich nun sprichwörtlich als eine Senke des Wissens. Jener Bergbau teilt sein abruptes Ende mit anderen politischen Landschaften, wie etwa mit den zu privatem Grundbesitz umgewandelten *Commons* im England des 16. Jahrhunderts oder mit der in den 40er Jahren des letzten Jahrhunderts aufgegebenen, zuvor dem Dschungel des Amazonas entrissenen Modellstadt Fordlandia.

Solche politischen Landschaften lösen massive gesellschaftliche Veränderungen aus und werden zu vielfältigen Wissens- und Erfahrungskörpern, sind aber auch gleichzeitig Manifestationen des Nichtauflösbaren und Nichtwissbaren: Der Bereich des Nichtwissbaren[2] ist keine Abtrennung oder Einschließung von Bestehendem, sondern das, was auch nach Prozessen des Analysierens, Profilbildens, Kategorisierens immer noch da ist, das was bleibt, was nicht angeeignet werden kann – Ununterscheidbares, Ungreifbares, Ununterdrückbares.

knowbotiqs künstlerischer Wissensproduktion geht es um Sensibilisierungen für dieses Nichtwissbare, ohne es aber in Mechanismen der Wissensproduktion überführen zu wollen. Vielmehr intensivierte das Projekt Spuren des Opaken, des Verdeckten, des scheinbar Geahnten, des Ungemütlichen und Gefährdenden. knowbotiq aktivierte das politisch Nichterzählte oder besser, das noch nicht zu Ende erzählte: die traumatisierte Landschaft mit ihren „Ewigkeitslasten" des Bergbaus. Es sind die schwarzen Löcher ihres Untergrundes, die kontinuierlich mit Grundwasser volllaufen und mit großem Aufwand und gegenwärtigem Kapital leergepumpt werden müssen, damit ein Großteil dieser Landschaft nicht im Wasser versinkt: Atmosphären des Zweifels am radikalen Landschaftsumbau irren unterirdisch durch die Tausenden kilometerlangen Gänge eines stillgelegten Zechensystems; Ruinen aus der Gegenwart und aus der Zukunft.

VERTEILTE PASSAGEN IN DER LANDSCHAFT

knowbotiq hatte in Mülheim an der Ruhr ein dreiteiliges performatives Untersuchungsfeld aufgespannt. Dieses wurde hervorgebracht durch:

- die Tanzbewegungen lokaler Jugendlicher mit afrikanischem Migrationshintergrund, die Lebensentwürfe als Street-Art-Tänzer praktizieren: Sie veranstalten zum Beispiel *Afrodiziak Afro-Battles*, Tanzwettbewerbe,[3] in denen sie den aggressiven Straßentanz *krumping* aus der Hip-Hop-Szene L.A.s mit Clubtänzen aus Ghana (*azonto*) und dem Kongo (*shakalewa*) verbinden/mixen.
- eine von knowbotiq kreierte Figur, genannt BlackGhillie, basierend auf einer dunklen, formlos bekleidenden Hülle bzw. einem Kostüm mit Hahnenschweif. Der Hahnenschweif verwies auf das hybride Kostüm einer postkolonialen, „black on black(face)"-Minstrel-Figur des Entertainers Bert Williams, der in Zeiten der Harlem Renaissance (1920er Jahre) herrschende rassistische Stereotype mittels Appropriation kritisch untersuchte. Die Figur des BlackGhillie wurde den Street-Art-Tänzern zur Verfügung gestellt, um damit die Landschaften des verlassenen Bergbaus anonym im Dunkeln der Nacht, monströs und parodistisch tanzend zu adressieren.

- die Stimme, Erinnerungen und Erzählungen eines Bergmannes, der unter anderem jahrelang als Leiter eines Rettungstrupps bei Grubenunglücken exzessiv seine körperlichen und mentalen Kräfte, seine gesamte Biografie in der industriellen Arbeit im Kohlebergbau verausgabt hat.

Verschiedene Akteure traten – selbstorganisiert, in nicht angekündigten Aktionen – maskiert als BlackGhillies mit der gegenwärtigen Ruhr-Landschaft in Kontakt. Sie tanzten nachts über den instabilen, unterirdischen Zecheneingängen und -landschaften Mülheims. Sie versuchten mit ihren tänzerischen Skizzen, unerwartete Positionen in einer politischen Landschaft des Dazwischen einzunehmen: *displacements* zwischen physischer und mentaler Landschaft, zwischen Destruktion, Invasion und Rekonstruktion von Orten und Geschichte[4], zwischen Montanindustrie und *creative industries* („Momentanindustrien"). Man wollte nicht in die Falle gehen und zu linear gedachte, postfordistische und postkoloniale Narrative von Fortschritt und Verfall aufs Neue affirmieren, sondern versuchte, dritte Landschaften aufzurufen, bewegliche Positionen des Dazwischen: als Tänzer, „Engeln der Geschichte" gleich, die nicht mehr aus den Trümmern der Vergangenheit in die Zukunft weggeweht werden,[5] sondern, die ganz real, den prognostizierten demografischen, migratorischen Datenlandschaften entsteigend, vor den Fabriktoren tanzten. Solche „Engel" landen auch nicht mehr, wie in den 1970er Jahren[6] als Aliens vom *Outerspace* kommend, in afrofuturistischen *motherships/spaceships*. Sie sind bereits vor Ort, um Passagen zwischen Bergbauruinen, imaginären *afrodiziak landscapes* und Social-Media-Plattformen[7] zu entwerfen.

PREKÄRE LANDSCHAFTEN

Das Prekäre dieser Landschaftserzählungen im Ruhrgebiet zeigte sich einerseits in den ruinösen Untergründen des Bergbaus, die zwar an den (Halden-)Oberflächen mit Landmarken-Kunst zur Kulturlandschaft transformiert (oder besser dekoriert) werden, die aber in ihrer unvorstellbaren unterirdischen Ausdehnung nicht thematisiert werden sollen. Die vertikale Dimension dieser jäh verlassenen Landschaft wird bloß technologisch, mit geophysikalischen Methoden und Sensoren seismologisch beobachtet, ja man könnte sagen, beschworen. Die in Vielzahl auftretenden kleinen Erdbeben und geologischen Entlastungen werden aufgezeichnet, markiert und, so gut es geht, ins landschaftlich Unbewusste verdrängt. Nur ein bewusst sehr ungenaues Informationssystem[8] gibt vordergründig vor, die Bürger über diese „Gefährdungen durch den Untergrund" aufzuklären.

Die spezifische Landschaft des Ruhrgebiets mit ihren unter- wie oberirdischen Ruinen der Vergangenheit und Zukunft, präsentierte sich knowbotiq als eine vielfältige *spatial in/justice*,[9] in der weiterhin keine zur Erfolgsgeschichte des Strukturwandels divergierenden Erzählungen Platz finden sollen. Weder die des hohlen Untergrundes, noch die der unzähligen polnischen und türkischen Migranten in den Bergwerken der letzten beiden Jahrhunderte, und auch nicht die Jugendlichen der Street-Dance-Szene, die in den 1990er Jahren als politische Flüchtlinge ins Ruhrgebiet kamen, sollen aktiver Teil dieser politischen Geografie sein. Von ihren Bewegungen in der Landschaft sollen keine Markierungen zeugen. Die tänzerischen und parodierenden Passagen der BlackGhillies eröffneten zumindest temporäre Zugänge zu diesen an- und abwesenden Ruinen: „The Rasquache spatial imaginary is a composition, a resourceful admixture, a mash-up imagination that says, I'm here."[10]

battle the landscape!, knowbotiq, Mülheim an der Ruhr, 2013
Diagramme, Blog, Live-Performances, Tanzvideos, Workshops

Diagramm: http://blackghillie.krcf.org/
Blog: http://krcf.org/krcf.org/distributed-passage-points/

Mitwirkende:
Tänzer: Idrissa Aponda, Random Boi und Gurl Wave aka Rock
Sound: Joana Aderi (www.eiko-music.com)
Programmierung Website: Christoph Stähli

Dank an:
Katja Aßmann, Heinz Auberg, Volker Bandelow, Jochen Becker, Marc Becker, Anne Bentgens, Holger Bergmann, Andreas Broeckmann, Wolfgang Friederich, Felizitas Kleine, Jürgen Krusche, Astrid Kusser, Frank Nadermann, Michael Thiemann

Unterstützt von:
IFCAR Institute for Contemporary Art Research, Zürcher Hochschule der Künste ZHdK, Urbane Künste Ruhr und Ringlockschuppen e. V. Mülheim, Institut für Geologie, Mineralogie und Geophysik der Ruhr-Universität Bochum

Im Rahmen eines Forschungsworkshops hat knowbotiq Astrid Kusser und Jochen Becker eingeladen, die *battle the landscape!*-Untersuchungen vor Ort mit ihren aktuellen Fragestellungen zu kontextualisieren. Jochen Becker, der viele Jahre in Düsseldorf lebte, wurde eingeladen, die Vertikalität dieser Landschaft zu verhandeln und zu untersuchen, welche Bilder diese prekäre Landschaft in den letzten Jahrzehnten hervorgebracht hat. Astrid Kusser, die derzeit in Rio de Janeiro forscht und arbeitet, wurde gebeten, in ihrem Beitrag lokale, parodistische Tanzpraxen im Kontext der aktuellen urbanen Protestbewegungen in Brasilien zu beleuchten.

ANMERKUNGEN

1. Harvey, David: *Spaces of Capital: Towards a Critical Geography*. 2001
2. Engbersen, G.: „The unknown city". In: *Berkeley Journal of Sociology* 40, 1995/96
3. https://www.facebook.com/events/466548406762694/?fref=ts
4. Harvey, David: *Spaces of Capital: Towards a Critical Geography*. 2001
5. Benjamin, Walter: „Über den Begriff der Geschichte" (1940). Erschienen in: Institut für Sozialforschung: *Walter Benjamin zum Gedächtnis*. Hrsg. von Max Horkheimer und Theodor Wiesengrund-Adorno, Los Angeles 1942
6. *Space is the Place*, Film, USA 1974, Regie: John Coney, Script: Sun Ra and Raymond Johnson, Musik: Sun Ra
7. In verschiedensten Online-Communities weltweit werden solche urbanen Tänze als Tanzvideos vor- und aufgeführt, so in Bezug gesetzt und weiterentwickelt.
8. http://www.gdu.nrw.de/GDU_Buerger/
9. Vgl. Soja, Edward: *The City and Spatial Justice*. 2009, http://www.jssj.org/wp-content/uploads/2012/12/JSSJ1-1en4.pdf
10. Bedoya, Roberto: „Spatial Justice: Rasquachification, Race and the City". http://creativetimereports.org/2014/09/15/spatial-justice-rasquachification-race-and-the-city/

Weiteres Audio-, Bild- und Videomaterial findet sich auf der Website zu dieser Publikation: http://blog.zhdk.ch/labormuelheim/

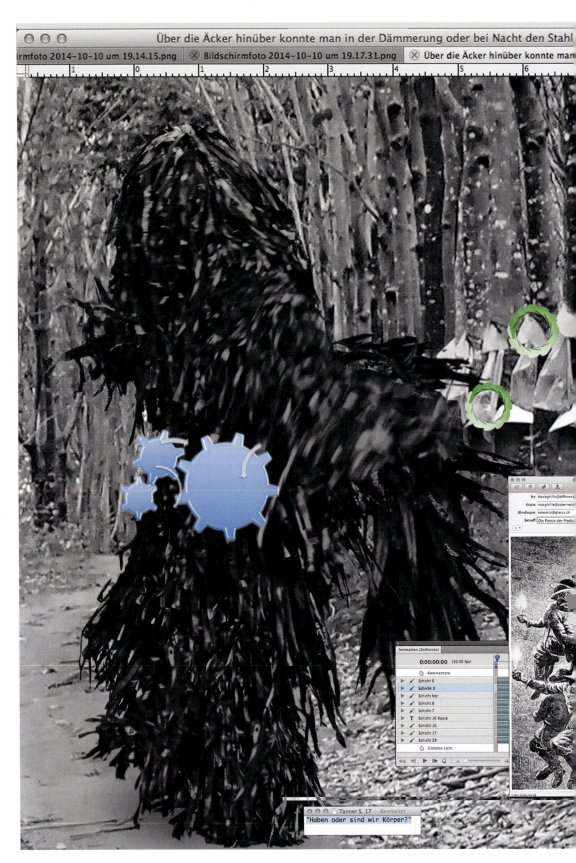

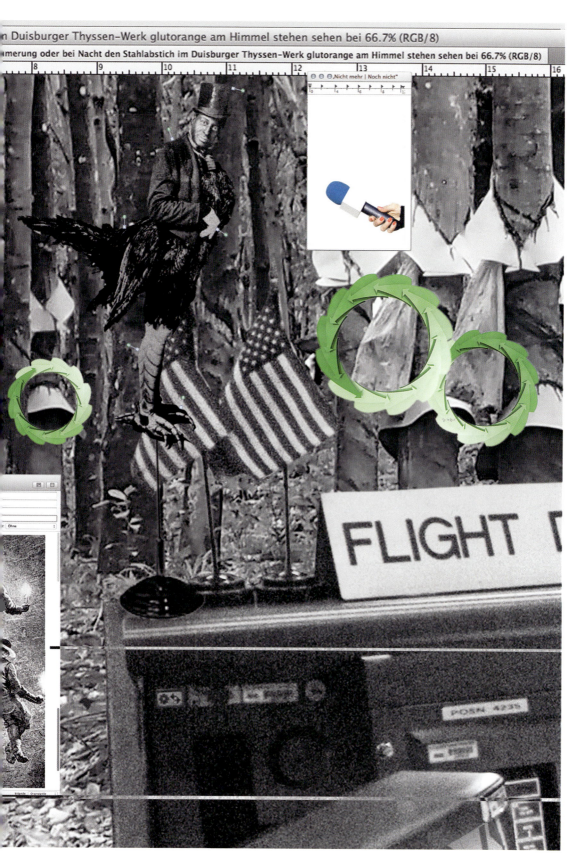

BATTLE THE LANDSCAPE!

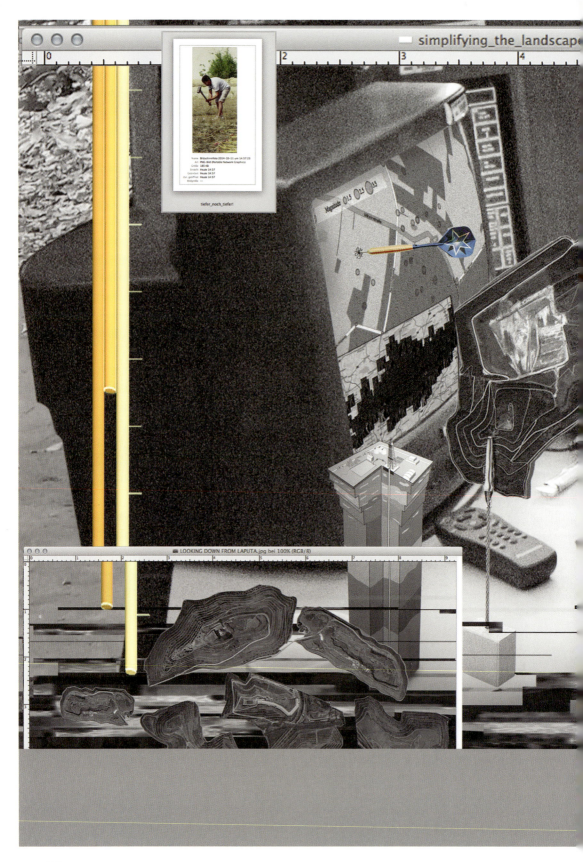

BATTLE THE LANDSCAPE!

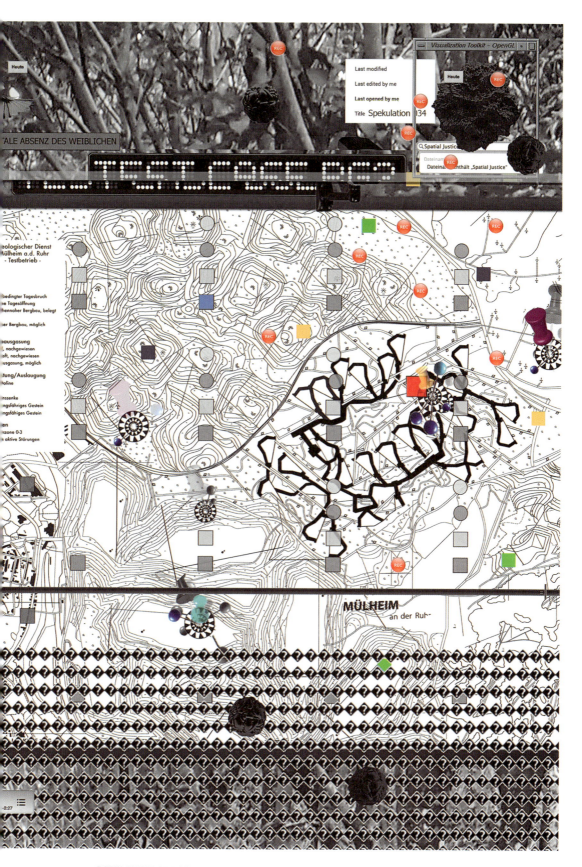

BATTLE THE LANDSCAPE!

BATTLE THE LANDSCAPE!

BATTLE THE LANDSCAPE!

TANZEN UND ARBEITEN IN DER ÖKONOMIE DES SPEKTAKELS

Über die Möglichkeit der Profanierung

Astrid Kusser

I

Kapitalismus funktioniere heute wie einst Religion, schreibt Giorgio Agamben in *Lob der Profanierung*. Die Welt habe sich in eine Sphäre des Konsums verwandelt, in der noch die verrücktesten Aktionen zu Waren gemacht und in eine Ökonomie des Spektakels eingespeist werden können. Als ein Beispiel nennt Agamben den Tourismus: So wie im Museum die Objekte der Zirkulation entzogen sind und in Räumen verwahrt werden, die ihre Besucher zum Staunen und Bewundern anregen, verwandele der Tourismus ganze Städte in musealisierte Areale. Sie empfangen die Besucher wie in einer riesigen Ausstellung, bedienen sich ihrer Neugierde, ihrer Lebenslust, ihrer Traurigkeit und Bedürftigkeit, spucken sie aber unverändert wieder aus. So entsteht ein permanenter Kult, der jedoch leer um sich selbst dreht und nicht einmal mehr Erlösung verspricht. Man müsste eine Politik der Profanierung erfinden, so Agamben, um die Dinge diesen Vorrichtungen wieder zu entwenden und dem freien Gebrauch zurückzugeben.[1] Doch wie? Früher habe in einer Umkehrung des Blicks, in einem Unterlaufen von Zuschauererwartungen Sprengkraft gelegen. Doch im solitären und medial vermittelten Konsum sei dies machtlos geworden.[2] Alte Techniken der Profanierung, im Spiel, bei Tanz und Festen, unterbrechen den Mechanismus der Verwertung nicht mehr, im Gegenteil scheinen sie ihn noch zu befeuern.

II

„Lebe Deine Leidenschaft", lautet das Motto der Olympischen Sommerspiele, die Rio de Janeiro 2016 ausrichten wird. Ein Video, das für die Bewerbung produziert wurde, zeigt eine Stadt, die ihren Reichtum unmittelbar aus der Schönheit ihrer Natur und dem Selbstbewusstsein ihrer Bewohner schöpft. Kaum jemand arbeitet, die meisten singen und tanzen, meditieren und treiben Sport. Die Stadt erscheint wie eine Kultstätte für unterschiedliche Spiritualitäten, die Grenzen zwischen Sport und Meditation, zwischen Tanzen und Arbeiten verschwimmen. Zusammen produzieren die Bewohner einen Rhythmus, der perfekt ineinander greift und sich zum Soundtrack von *Cidade Maravilhosa* verdichtet, einem berühmten Sambasong, der Rio de Janeiro als wunderbare Stadt preist. Ein Straßenkehrer in orangefarbener Uniform mit Besen in der Hand unterbricht gar seine Arbeit, um für einen alten Mann, der mit den Fingern den Rhythmus auf einer Streichholzschachtel klopft, am Straßenrand ein paar Schritte Samba zu tanzen.

Regisseur des Videos ist der brasilianische Filmemacher Fernando Meirelles, der 2002 mit dem Film *Cidade de Deus* berühmt wurde.[3] Der Film erzählt von Kindern und Jugendlichen, die in einer der in den 1960er Jahren aus dem Boden gestampften Trabantenstädte im Westen Rios leben und dort schwer bewaffnete Drogenbanden organisieren, was im Kampf um Vorherrschaft und Überleben eine Spirale der Gewalt erzeugt. *Cidade de Deus* heißt „Stadt Gottes" und der Film stellt diese Stadt als Hölle auf Erden dar. In der Vermarktung von Rio de Janeiro als Austragungsort für die Olympischen Spiele entwirft Meirelles nun ein Gegenbild, einen Himmel auf Erden. In den letzten Jahren investierte die Regierung von Rio de Janeiro viel Geld, um von ihrem Negativimage als Hauptstadt des Gewaltverbrechens wegzukommen und Investoren anzuziehen. Sie richtete sportliche, kulturelle und religiöse Großveranstaltungen aus, von denen die Olympiade nur den krönenden Abschluss darstellt.[4] Die großen Hoffnungen, die damit verbunden waren, sind jedoch wie eine Seifenblase geplatzt. Dass im Juni 2013 für viele überraschend die größten Massenproteste seit dem Ende der Militärdiktatur ausbrachen, war eine Reaktion auf die Nebeneffekte dieser Stadtvermarktung, die allerorten zu Immobilienspekulation, steigenden Lebenshaltungskosten und Zwangsumsiedlungen führt.[5]

Trotzdem ist der in Meirelles Olympia-Video entworfene Traum von Stadt als vibrierender Agglomeration von Differenzen, die sich selbstbewusst und ästhetisch überzeugend ineinanderfügen, kein x-beliebiges Werbebild. Jedes der gezeigten Elemente existiert wirklich, als kulturelles Phänomen, als Wunsch, als Konflikt oder als Moment der Profanierung. Im Video sind diese Elemente in eine Marketingstrategie eingepasst, die das utopische Bild einer Harmonie entwirft. Doch diese Strategie hat sich als anfällig für Interventionen erwiesen. Manche sind spektakulär wie die Proteste vom Juni 2013, andere klein und scheinbar harmlos, dafür aber umso langfristiger wirksam, wie die Geschichte des tanzenden Straßenkehrers zeigt.

III

Karneval 1997. In Rios Sambódromo, der modernistischen Aufmarschallee für die besten Sambaschulen der Stadt, passiert plötzlich etwas Unerwartetes: Die Aufmerksamkeit des Publikums driftet ab, weg von den Umzugswägen und Sambatänzern hin zu den Straßenkehrern, die üblicherweise hinter diesen herfegen. Einer von ihnen hat zu tanzen begonnen. Ein Vorgesetzter versucht noch, ihn zurückzupfeifen – er werde hier schließlich fürs Fegen bezahlt –, doch weil das Publikum jubelt, lässt man ihn gewähren. Der Tanz des Straßenkehrers verbindet eine bodenständige Straßensamba, deren Fokus auf virtuoser Fußarbeit liegt, mit Elementen aus dem transatlantischen Breakdance: Er lässt sich mit eingeknicktem Knie zu Boden fallen und zieht sich dann wieder hoch, als hänge er an einer unsichtbaren Winde. Er läuft wie in Zeitlupe, wirft Hände und Besen in die Luft, als habe er gerade den Marathon der Straßenkehrer gewonnen und laufe auf die vielen auf ihn gerichteten Kameras zu.[6]

Der Mann heißt Renato Lourenço; seine Performance ist Profanierung par excellence. Sie spielt sich an der Schwelle zwischen Tanzen und Arbeiten ab, ohne diesen Unterschied auflösen zu wollen. Affiziert vom Geschehen um ihn herum entwendete er Besen, Uniform, seine Arbeitskraft, sogar die Kultur der Samba, in die er hineingeboren wurde, ihrem vordefinierten Zweck. Im freien Wettbewerb mit den besten Tänzern war es ihm nicht gelungen, Teil einer Sambaschule zu werden. Das hielt ihn aber nicht davon ab, sich dazuzuzählen, als sich eine Gelegenheit bot. Seine Performance liegt deshalb auch nah an der Grenze der Peinlichkeit. Sein Enthusiasmus unterscheidet sich von der Performance der Profis um ihn herum, die immer auch ein wenig cool sind.

Mehr als 15 Jahre später ist Renato Louranço in ganz Brasilien und auch im Ausland als tanzender Straßenkehrer bekannt. In orangefarbener Uniform und mit Besen in der Hand tritt er im Fernsehen und in Bühnenshows auf. Er arbeitet immer noch für die städtische Reinigungsfirma Comlurb, gibt aber auch Workshops über Arbeitsmotivation in Unternehmen und studiert außerdem noch Tourismus. Immer wieder betont er in Interviews, wie wichtig und wertvoll ihm seine Arbeit als Straßenkehrer sei und dass er gar nicht vorhabe, diesen Job zu kündigen. Er will sein Tanzen nicht als Statement gegen seine Arbeit interpretiert wissen. Im Gegenteil: „Mein Besen ist mein Pass", meint er.[7] Viele können tanzen, aber nur er reist als tanzender Straßenkehrer um die Welt.

So ist Lourenço heute fest in der Spektakelindustrie Rio de Janeiros eingebunden. Er animiert mit seinem Besentanz im Karneval das Publikum – eine Rolle als Stimmungsmacher, die es schon vorher gab, sodass ein tanzender Straßenkehrer leicht zu integrieren war. Tritt er in Bühnenshows auf, wie kürzlich in der Tanzshow *Brasil Brasileiro*, die im Sommer 2014 durch Europa tourte, dann findet das Training vor der Tournee abends statt, da die meisten der Künstler tagsüber in anderen Jobs arbeiten. Lourenço hat nun mehr als ein Leben, dafür aber auch mehr Arbeit. Trotzdem ist das nicht das Ende der Geschichte. Denn unterhalb dieser Vermarktung passiert noch etwas anderes, kontinuierliches, viel langsameres: eine Bewegung, die seit Jahrhunderten stattfindet und in die Untiefen des *Black Atlantic* führt.[8]

IV

Das System der atlantischen Sklaverei war modern und rational. Kühl rechnete sich ein brasilianischer Plantagenbesitzer im 18. Jahrhundert aus, wie lange ein Sklave überleben müsse, damit er einen Gewinn erwirtschafte. Ein Jahr reichte aus.[9] Mit allen möglichen Mitteln versuchten die Betroffenen, sich aus diesem Regime der Zwangsarbeit zu befreien. Sie flohen, rebellierten, verweigerten die Arbeit, verloren den Verstand oder brachten sich um. Viele Formen des Widerstands waren auf den ersten Blick gar nicht als solche zu erkennen: Die Menschen stellten sich dumm, verstanden Instruktionen bewusst falsch und spielten den Clown. Obwohl viele bald den christlichen Glauben annahmen, hielten sie das spirituelle Universum ihrer Ahnen lebendig.[10]

So entstand die moderne Samba in Rio de Janeiro unter dem Einfluss der Gesänge und Tänze des Jongo. Er war schon auf den Plantagen der Sklaverei populär gewesen und sah wie harmlose Unterhaltung aus. Doch die Trommeln dienten der Verehrung der Ahnen und die Ethik der Gleichheit, die im Kreis der Tanzenden herrschte, kontrastierte das System der Diskriminierung im Alltag.[11] Tanzend ließen sich so neue Beziehungen herstellen, zwischen alt und neu, afrikanisch und europäisch, sakral und profan. Nichts vermischte sich hier einfach, alles blieb in einem konstitutiven Spannungsverhältnis, das ganz unbestimmt auf Verwandlung ausgerichtet war.

Renato Lourenço gelang es, dieses Erbe für einen Moment zu aktualisieren, als er sich im Sambódromo in einen tanzenden Straßenkehrer verwandelte und das Publikum seinen Tanz wie in einem solchen Tanzkreis beschützte. Sein Auftritt findet eine eigentümliche Resonanz in Reiseberichten aus dem 18. und 19. Jahrhundert. Damals berichteten europäische und nordamerikanische Reisende immer wieder erstaunt, dass die Sklaven auf den Straßen Rio de Janeiros jede Gelegenheit nutzten, um ihre Arbeit zu unterbrechen und ein paar Takte zu singen und zu tanzen. Andere sangen überhaupt bei der Arbeit, um die Tätigkeit einer Gruppe zu koordinieren.[12] In beiden Fällen, der Kooperation und der kurzzeitigen Verweigerung, war es überlebensnotwendig, die eigenen Gefühle und Wünsche stets sorgfältig zu verbergen. Dies zeigt sich bei Renato Lourenço, der im Medientrubel, den er durch sein Tanzen erzeugt hatte, bald den Spitznamen *Sorriso*, Lächeln, verpasst bekam. Es sind alte Stereotype, die so an ihn herangetragen werden: arm, aber glücklich …; sieh nur wie sie tanzen, so schlecht kann es ihnen nicht gehen. Doch die Bezahlung der Müllmänner von Rio de Janeiro liegt nur wenig über dem gesetzlichen Mindestlohn und der reicht in der immer teurer werdenden Stadt kaum zum Leben.

Wenn Renato interviewt wird, geht es nie darum, wie er eigentlich tanzt. Er wird immer erst auf sein Leben als Straßenkehrer angesprochen und tanzt dann noch einmal „Samba", als gäbe es über seinen Tanzstil nichts zu sagen. Dabei sind die Einflüsse aus dem Breakdance offensichtlich, ebenso die Vorbilder aus Tanzfilmen und Musicals.[13] Wahrscheinlich ist diese fehlende Anerkennung aber nicht Renatos größtes Problem. Er lässt es geschehen, dass er in seiner Rolle als glücklicher Arbeiter zu seiner Arbeitsethik befragt und auf sein Lächeln reduziert wird. Danach tanzt er einfach wieder. Das Schweigen rund um sein Tanzen ist symptomatisch für den profanierenden Kern seiner Performance, der in der Verwertung nicht aufgeht. Die Profanierung bleibt gerade in diesem Schweigen erhalten, zirkuliert, wartet auf eine nächste Gelegenheit.

Ganz ohne Renatos Zutun entstand eine solche Gelegenheit, als Anfang März 2014 die Angestellten der städtischen Abfallfirma in einen wilden Streik traten. Der tanzende Straßenkehrer war anwesend, obgleich er selbst zuerst gar nicht mitstreikte. Es war ein ungewöhnlich heißer Sommer, der Karneval steuerte auf seinen Höhepunkt zu und die eigene Gewerkschaft war gegen den Streik. Die Stadt schickte die Polizei auf die Straße, sie sollte diejenigen Müllmänner begleiten, die nicht in Streik getreten waren, angeblich zu deren Schutz. Doch die Bilder, die dabei entstanden, erzählten eine ganz andere Geschichte. Die Streikbrecher sahen wie Zwangsarbeiter aus, vielleicht sogar wie Sklaven, die von ihren Aufsehern bewacht werden. Ein Oppositionspolitiker brachte es auf den Punkt: Die Müllmänner können nicht vom Lächeln allein leben. Am selben Tag trat auch Renato dem Streik bei, mit den Worten: „Ich bin schließlich auch ein Müllmann." Nach wenigen Tagen hatte die Stadt den Kampf um die Bilder verloren und gewährte eine historische Lohnerhöhung von fast 40 Prozent.

V

Noch ist unklar, wie aus Momenten der Profanierung eine Politik der Profanierung entstehen könnte. Fest steht, dass eine Stadt, die sich als Bühne für mediale Großereignisse vermarktet, auch anfällig für Interventionen wird. Die als Servicepersonal oder als Konsumenten gebuchten Akteure können aus der Rolle fallen und sich zu Protagonisten des Geschehens machen. Was diese Interventionen in ihrer politischen Wirksamkeit heute begrenzt, sind nicht die kommerzialisierten und medialisierten Kanäle, über die sie verlaufen, wie Agamben annimmt, sondern die Art und Weise, wie dieser Konsum herrschaftsförmig abgesichert ist. Die Proteste von 2013 mussten in Tränengasbomben erstickt werden. Doch ein Teil ihrer Erfahrung aktualisierte sich im wilden Streik der Müllmänner. Lange hatte der Rassismus Renato Lourenços Performance in ihrer Wirksamkeit begrenzt, sie als „arm, aber glücklich" lesbar gemacht. Doch dann wurden plötzlich im Streik alle Müllmänner zu Sympathieträgern, die nicht allein von einem Lächeln leben können.

ANMERKUNGEN

1. Vgl. Agamben, Giorgio: *Lob der Profanierung*. Frankfurt a. M. 2005, Kap. 9
2. Ebd., S. 74
3. *Cidade de Deus [City of God]*, Brasilien 2002, Regie: Fernando Meirelles
4. Vgl. die Panamerikanischen Spiele 2007, den Pabstbesuch 2013, die FIFA-Fußballweltmeisterschaft 2014 und schließlich die Olympiade 2016
5. Vgl. Kusser, Astrid: „Baderna und andere mögliche Monster. Von der Ästhetik des Spektakels zur Ästhetik der Okkupation. Die Proteste in Brasilien". In: *Zeitschrift für Medienwissenschaft* 9, 2/2013, S. 124–131
6. Vgl. zuletzt auch auf Deutsch: David Klaubert: „Dem Besen habe ich alles zu verdanken". In: *Frankfurter Allgemeine Zeitung*, 28.06.2014. Viele der Auftritte von Renato Lourenço sind unter dem Stichwort Renato Sorriso auch auf YouTube zu finden.
7. Alba Valéria Mendonça (07.11.2012): „*A vassoura é meu passaporte*, diz gari Renato Sorriso, símbolo carioca". http://g1.globo.com/rio-de-janeiro/noticia/2012/11/vassoura-e-meu-passaporte-diz-gari-renato-sorriso-simbolo-carioca.html, 11.09.2014
8. Der Begriff des *Black Atlantic* geht auf den Kulturtheoretiker Paul Gilroy und die Historiker Peter Linebaugh und Marcus Rediker zurück. Er stellt die Frage nach den Entstehungsbedingungen der Moderne aus der Perspektive der Überlebenden der modernen atlantischen Sklaverei und der Kultur- und Wissensproduktion ihrer Nachfahren. Vgl. Gilroy, Paul: *The Black Atlantic. Modernity and Double Consciousness*. London 1993
9. Vgl. Freyre, Gilberto: *Das Land in der Stadt*. München 1990
10. Vgl. Karasch, Mary: *Slave Life in Rio de Janeiro*. Princeton 1987, Kapitel 8–10
11. Vgl. das Forschungsprojekt *Jongos, Calongos e Folias. Musica Negra, Memoria e Poesia* der Universidade Federal Fluminense (UFF), http://www.historia.uff.br/jongos/?page_id=67, 11.09.2014
12. Vgl. Fryer, Peter: *Rhythms of Resistance. African Musical Heritage in Brazil*. Hanover NH 2000, S 40 ff.
13. Vgl. *Thousands Cheer*, USA 1943, Regie: George Sidney. Gene Kelley tanzt hier mit einem Mopp. Berühmter noch ist Fred Astaires Tanz mit einem Kleiderständer in *Royal Wedding*, USA 1951, Regie: Stanley Donen; im Breakdance-Streifen *Breakin'*, USA 1984, Regie: Joel Silberg kommentiert eine Figur den Besentanz mit den Worten: „Er glaubt, er sei Fred Astaire."

UNTERTAGE MÜLHEIM AN DER RUHR
Notes

Jochen Becker

Wie möchte ich vom Ruhrgebiet schreiben? Welche Imageproduktion evoziert das Ruhrgebiet jenseits herkömmlicher Bergarbeiter-Romantik? Und welche prekären Landschaften breiten sich von hier aus, fortgesetzt in der postindustriellen Landschaft der ehemaligen DDR? Nichts hier ist einfach nur so, sondern immer auch mehrfach.

PERSPEKTIVE WITTLAER
Meine Eltern lebten in Wittlaer, und alle paar Wochen wohnte ich dort auch. Der schon dörfliche und zugleich suburbane Stadtteil bildet den nördlichsten Punkt von Düsseldorf am Rhein und ist am Übergang vom Rheinland zum Niederrhein und dem Ruhrgebiet gelegen. Über die Äcker hinüber konnte man in der Dämmerung oder bei Nacht den Stahlabstich im Duisburger Thyssen-Werk glutorange am Himmel stehen sehen. Ab und an unternahm ich eine lange Fahrradtour rund um das Werk.

BIGNES? OBERHAUSEN
Längst schon nach Berlin umgezogen, blieb die Faszination für diese industriellen Terrains bestehen. Auf Einladung der Internationalen Kurzfilmtage Oberhausen im Mai 1999 nahm ich das neue CentrO Oberhausen – die Gute-Hoffnung-Hütte und benachbarte Industrieareale waren zu einem Shopping- und Freizeitkomplex umgewandelt worden – als Ausgangspunkt, um über großmaßstäbliche Stadtentwicklungsprojekte und die Kritik der unternehmerischen Stadt nachzudenken. Das

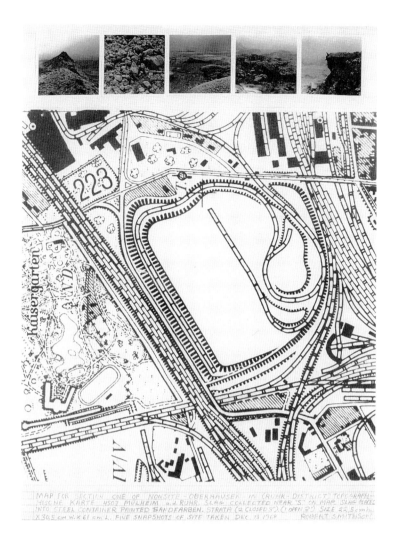

1 Robert Smithson, *Non-site*, Oberhausen, Deutschland, 1968 (Detail)

Buch *bignes? – Size does matter. Image/Politik, Städtisches Handeln* hierzu erschien zwei Jahre später.¹

Die „Neue Mitte Oberhausen", wie das Gebiet damals genannt wurde, war die alte Mitte einer Stadt, die sich in drei Stadtteilzentren um den industriellen Kern herum gruppiert hatte. Hier hatte nur die zumeist männliche Arbeitsbevölkerung Zutritt. Insofern war die „Neue Mitte" eine Öffnung der abgeschotteten Industriezone, mit öffentlichen Verkehrsmitteln erschlossen für eine konsumierende Öffentlichkeit.

1967 hatte das Düsseldorfer Fotografenpaar Hilla und Bernd Becher zusammen mit dem US-amerikanischen, konzeptuellen Landschaftskünstler Robert Smithson das Oberhausener Industrieareal zum Ausgangspunkt ihrer gemeinsamen künstlerischen Erkundungen, ihrer sogenannten *Field Trips*, gemacht. (> **1**) Dokumentarische Aufnahmen sowie skulpturale Arbeiten zeugen davon. Noch ist die Ruhrindustrie ohne ein „Post-" davor zu sehen.

JEDE MENGE KOHLE

Der 1980/1981 vom Dortmunder Regisseur Adolf Winkelmann gedrehte Spielfilm *Jede Menge Kohle* folgt dem jungen Bergmann Katlewski, der *out of the blue* in einem Tunnel auftaucht und offensichtlich schon einen weiten Weg unter Tage hinter sich hat. Wie ein Alien mit *blackface* gelangt er ans Tageslicht und wandelt danach befremdet durch den Alltag des spätfordistischen Ruhrgebiets. (> **2**) Gegen Ende kommt es zum Showdown, bei dem er mit einer Kettensäge den hinter sich gelassenen Wohnalltag seiner Bergarbeiterwohnung zerstückelt. Die Begründung, „Es kommt der Tag, da will die Säge sägen", hat sich den Kinobesuchern eingeprägt. Die Krise und der sogenannte Strukturwandel stehen längst auf der Schwelle.

Winkelmann drehte unter und über Tage sehr aufwendig im Super-16mm- und – erstmals seit langer Zeit in Deutschland – im Scope-Format. Zudem ist dies der erste Spielfilm weltweit, der mit Dolby-Stereo-Originalton operiert. Wegen Explosionsgefahr musste im Schacht mit einer Federwerk-Kamera aus den 1930er Jahren gedreht werden, zwölf Tage lang bei 40 Grad Celsius. Das Ende des Höhlennetzwerks unter künstlichem Licht wirkt so noch dichter, drängender, enger, endloser und klaustrophobischer. Das Oben wirkt zwar räumlich weiter, doch schnürt es die Personen ein. Die Möglichkeit, im Gewirr der unterirdischen Kanäle herumzuirren, erscheint seltsam befreiend.

„Vor 160 Jahren gab es zwischen Ruhr und Emscher eine wunderschöne Agrarlandschaft. Plötzlich setzte mit dem Abbau von Kohle und der Produktionen von Stahl eine Entwicklung ein, die das Leben enorm beschleunigte. Es war zu schnell für die Menschen, die hier lebten und zuwanderten. Sie konnten es nicht begreifen und verarbeiten."[2]

AUTOBAHN

Für mich waren die abgeschotteten Terrains der riesigen Industrieanlagen stets faszinierender als die „natürlichen" Landschaften. Das Ruhrgebiet ist die schroffe Ergänzung zum sich hochkulturell gebenden Rheinland. Das Theater an der Ruhr in Mülheim oder das Schauspielhaus Bochum, die Zeche Carl in Duisburg oder der Musikclub im Dortmunder Hauptbahnhof (hieß er *Station*?) waren mit dem Auto gut zu erreichen. Die ausgelegten Autobahnnetze durchs Ruhrgebiet boten eine Ahnung von einem fantastischen BRD-L.A. – einem westdeutschen Los Angeles – mit dem Soundtrack aus meinem Autoradio.

2

„Eins, zwei, drei. Vier, fünf, sechs. Sieben, acht. Neun, zehn.
Wir fahren durch eine der schlimmsten Gegenden Europas.
Oder durch eine der interessantesten.
Hier befindet sich die gesamte Industrie Europas in dicken Klecksen auf der Karte.
Wir fahren durch Dortmund und Essen, Duisburg, Krefeld, Krefeld, Neuss, Düsseldorf.
Wir kommen auch durch Remscheid, Solingen, Leverkusen, Leverkusen …
Hier befindet sich die Zentrale von Bayer Leverkusen.
Und von hier fahren wir weiter nach Köln."[3]

Lars von Triers *Epidemic*-Filmreise 1987 von Dänemark aus durch die Industriezonen von Ruhr und Rhein nach Köln bietet einen befremdet-aufgeregten Blick durch verregnete Windschutzscheiben auf *Tyksland*. Ruhrgebiet und Rheinland, vom dänischen Autorenteam Lars von Trier und Niels Vørsel als kontinuierliche Industrie- und Straßenlandschaft mit ihren beeindruckenden Brücken, Tunneln und Kreuzungsknoten beobachtet, stehen für (West-)Deutschland. Der Straßenatlas navigiert sie entlang der Abfahrts- und Hinweisschilder voran. Die während ihrer Autobahnfahrt aufgesagte Zahlenreihe erinnert in ihrer simplen Poetik an den Song *Nummern* auf dem 1981 erschienen Album *Computerwelt* der Düsseldorfer Elektronikband Kraftwerk. Im aufklappbaren Innencover ihres Albums *Kraftwerk 2* von 1971 ist ein Stromtransformator abgebildet, fotografiert von Hilla und Bernd Becher.

UNTERGRUND-RUHRMUSEUM BOCHUM

Das Ruhrgebiet ist in einer fortschreitenden Selbst-Musealisierung begriffen, auch um sich von sich selbst einen Begriff zu machen. Das Deutsche Bergbau-Museum Bochum liegt auf einem ehemaligen Zechengelände am Rande der Innenstadt. Hier ist in einem Modell die mehrdimensionale und weitverzweigte Untertagelandschaft des Ruhrgebiets nachgebaut. Mit 3-D-Brillen betrachtet, ragt das plastische Modell noch weiter hinein in die Tiefe der Darstellbarkeit. Meine Fotografie dieses Modells lässt nur erahnen, wie überlagert, gefächert und kapillar die Schächte, Tunnel und Stollen sich unter der Ruhr-Stadtlandschaft ausbreiten. Man muss gar nicht das Rhizom-Theorem hervorziehen, um erahnen zu können, wie ausufernd sich die Landschaft unter Tage erstreckt.

Bei der Veranstaltung *GEMEINheiten*, die parallel zum Dortmunder Theaterfestival *Favoriten 2010* stattfand, wurde der Regisseur Adolf Winkelmann nicht müde, daran zu erinnern, dass über Generationen hinweg das Grundwasser abgepumpt werden muss, wenn dieses Höhlensystem nicht einstürzen und die Städte darüber in den Abgrund ziehen soll. In der maßlosen Spekulation technokratischer Planer auf die Zukunft erinnert dies an die Atomenergie und deren Salzbergwerksstollen, in denen mit unfasslichen Halbwertzeiten kontaminierter Abfall gelagert wird. Strom und Energie – ob Kohle oder Atom – spekuliert mit der Zukunft. Dies ist vielleicht die *Epidemic*: eine neue Pest, welche Lars von Trier in seinem Film erkundet.

NICHT MEHR, NOCH NICHT

In der Epidemie, entlang der Ruinen der Industriellen Revolution, scheinen Möglichkeiten auf. „In den Zonen des Übergangs entstehen bereits heute frühe Praxisformen einer postkapitalistischen Gesellschaft, oftmals umgeben von fortgesetztem Niedergang und wachsender Verelendung", beschreibt die Dortmunder Stadtplanerin Irina Vellay die Lage vor Ort und fordert „Gemeinheiten" ein – als kollektives Recht auf öffentliche Güter und Dienste. Zwischen Notökonomie und Selbstorganisation, zwischen Dritter Welt und Drittem Weg bilden sich in den Löchern der Versorgermoderne neuartige Strukturen heraus. Die Kulturen der Straße durchkreuzen zwischen der Dortmunder Nordstadt und Berlin-Neukölln das Terrain. Wenn der „Rand" immer breiter wird und Staat sowie Kommune keine Versprechungen mehr halten können, lösen sich alte Fixierungen.

Nicht mehr | Noch nicht heißt der 2004 veröffentlichte dokumentarische Essayfilm von Holger und Daniel Kunle. Prognosen sagen den radikalen Wandel vieler Städte voraus. Abseitige Brachen werden alltäglich – und künden auch von neuen Möglichkeitsräumen. In ihrem Film fährt eine Regionalbahn in den Tunnel des Bahnhofs Halle-Neustadt ein und kommt erst ganz am Ende zum Halten. Man erahnt, wie lange früher die Züge waren, um die Arbeiter aus der DDR-Großsiedlung in die

Industrieareale als dem Ruhrgebiet des Ostens zu transportieren. Die Post-Industrie zieht sich dagegen zusammen.

SONDERWOHLFAHRTSZONEN

In den verblühten ostdeutschen Landschaften, manchen Teilen Berlins oder im besonders prekären Norden des Ruhrgebiets schwinden formelle Strukturen einstiger wohlfahrtsstaatlicher Versorgermodernen. Garantien auf ein Leben in Würde treten außer Kraft, Transferleistungen sind mit Sanktionen verbunden, temporäre Zwischennutzungen treten an die Stelle eines Masterplans, Quartiersmanager sollen vor Absturz und Aufstand bewahren, während kommunale Dienste ausverkauft werden. Mancherorts wird mit sogenannten Experimentierklauseln der Ausnahmezustand zum Normalfall und eröffnet zugleich neue Wege. Diese Idee haben die Urbanisten Stephan Lanz, Uwe Rada und Jesko Fezer aufgegriffen und für die schrumpfende Stadt Forst in der Lausitz eine „Sonderwohlfahrtszone" vorgeschlagen: „Die Sonderwohlfahrtszone gibt sich als Ergebnis einer basisdemokratischen Verhandlung eine Verfassung, die auf lokaler Selbstverwaltung und direkter Demokratie gründet. Die Kommune verpflichtet sich, für ihre Mitglieder eine Daseinsvorsorge (…) zu gewährleisten."[4]

NACH DEN BILDERN

Die Übertragung solcher Prinzipien auf die Industrieruinen des Westens befreien vom fixen Image. Adolf Winkelmanns obsessive High-Definition-Auflösung in Bild und Ton stieß zwangsläufig an ihre Grenzen. Das Ruhrgebiet ist jenseits seiner Bilder ein Soundtrack im Autoradio, eine Fahrt durch Tunnel, eine Konzeption zur Überwindung lastender Imaginationen oder vielleicht ein Tanz im Dunkel des Stadtparks von Mülheim an der Ruhr, beleuchtet im Schein der Taschenlampen.

ANMERKUNGEN

1 Becker, Jochen (Hg.): *bignes? – Size does matter. Image/Politik, Städtisches Handeln.* Berlin 2001
2 Winkelmann, Adolf zit in: Pauler, Holger: „Schauplatz Revier. Das Grimme-Institut zeigt Filmreihe zum Wandel im Ruhrgebiet". In: *Süddeutsche Zeitung*, 25.09.2010, S. 21
3 Lars von Trier: *Epidemic*. 1987
4 Rada, Uwe/Fezer, Jesko/Lanz, Stephan (2004/05): „Aus den Prinzipien einer Sonderwohlfahrtszone am Beispiel der Stadt Forst". http://www.uwe-rada.de/projekte/sonderwohlfahrtszone.html, 10.09.2014

SONOZONES MÜLHEIM*

Jan Schacher

„Places gather things in their midst. (…) What is kept in place primarily are experiencing bodies (…) places also keep such unbodylike entities as thoughts and memories. (…) Its power consists in gathering these lives and things, each with its own space and time, into one arena of common engagement."[1]

Ziel des *sonozones*-Projekts war es, Örtlichkeiten aus der Sicht und im Rahmen von Klangkunst- und Musikpraxis zu erforschen. Im Sommer 2013 fuhr Jan Schacher fünfmal nach Mülheim, um das Projekt dort zusammen mit den drei Projektpartnern und Künstlern Cathy van Eck, Kirsten Reese und Trond Lossius durchzuführen. Statt einen Gruppenprozess in Gang zu setzen, bei dem alle vier Beteiligten gruppendynamisch interagiert hätten, entschlossen sie sich, paarweise zusammenzuarbeiten. Die drei Perspektiven, die in diesem Beitrag als drei separate Themenkreise dargestellt werden, betrafen: 1. das „performative" Hören mit Schwerpunkt auf dem bewusst gerichteten Hören, 2. die akustische Erweiterung urbaner Orte durch Interventionen mit kleinen Lautsprechern, 3. die Erkundung und Erfahrung des Wesens eines Ortes mithilfe von Feldaufnahmen. Die vier Klangkünstler traten in einen Dialog, der teilweise Übereinstimmungen ergab, aber auch die vielen unterschiedlichen Fluchtpunkte in den Auffassungen jedes Einzelnen deutlich werden ließ. Das Netzwerk der Klangkünstler diente zudem als eine Art primäre Mikrogesellschaft und quasi als „Proto-Publikum" füreinander.

Die Hauptintention des Projekts lag darin, Spuren und konkrete Ergebnisse (Artefakte) der klangkünstlerischen Prozesse zu sammeln, die eine Untersuchung der Schlüsselelemente der öffentlichen und persönlichen Dimension des Hörens sowie der unterschiedlichen Schwerpunkte und Arbeitsweisen der vier Künstler ermöglichen würden. Ausgehend von einem zu Beginn entworfenen Fragenkatalog entwickelte das Projekt im Laufe der Zeit eine Eigendynamik. In Bezug auf die konkrete Vorgehensweise fragte sich die Gruppe, wie sie die sozialen und urbanen Dimensionen mit den Methoden, Materialien und der Ästhetik von Klangkunst erfassen sollte. Während der Fokus auf der Ermittlung und Untersuchung der Wirkungen lag, welche Klang und Hören und deren phänomenologischen Grundlagen auf die ästhetische Erfahrung hatten, war es ebenso wichtig zu untersuchen, welche Rolle die Umgebung in kreativen Prozessen spielt. Im Verlauf des Projekts stellte sich heraus, dass die eigentliche zentrale Frage lautete: Wie kann eine Kunstform, die auf immateriellen, nicht-narrativen und nicht-propositionalen Anteilen und Formen basiert, auf unsere Lebenswelt und Gesellschaft einwirken?

Da das Projekt Studiencharakter hatte, lässt sich die Absicht, künstlerische Praktiken als Forschung zu zeigen, auch aus der umgekehrten Perspektive betrachten. In diesem Fall lautet die Frage: Kann man eine Untersuchung künstlerischer Prozesse auch dann künstlerische Praxis nennen, wenn die äußeren formalen Kriterien, welche ein Klangkunstprojekt als Kunstwerk definieren, fehlen? Bei jedem der drei Teilprojekte hatten wir das Gefühl, es sei ergebnisoffen und führe in weniger bekannte Territorien als ein Projekt, das mit einer abschließenden Installation oder Performance endet. Es wurde bereits zu Beginn offensichtlich, dass die künstlerischen Prozesse zu keiner erkennbaren, vertrauten endgültigen Form führen würden und dass festgelegte Konzepte und Vorgehensweisen zur Lösung der ursprünglich formulierten Fragestellungen das Risiko bargen, unerwartete Erfahrungen und Zufallsentdeckungen zu verpassen. Zwar kamen in den Diskussionen im Verlauf der Arbeit jeder Zweiergruppe konzeptuelle Fragen auf, aber bei den konkreten Experimenten, Erkundungen, Veränderungen, Eingriffen und Aufführungssituationen stand die künstlerische Praxis stets im Vordergrund. In einem der Arbeitsprozesse entstand das dringende Bedürfnis, ein vollständiges Werk zu erarbeiten. Dass wir uns die Zeit nahmen, Material für eine gesamte künstlerische Arbeit zu sammeln, hatte den unvorhergesehenen positiven Nebeneffekt, dass wir eine kohärente, wiederholbare Arbeitsmethode entwickeln konnten. Im Verlauf von Langzeitaufnahmen entdeckten wir den gewählten Ort auf ganz neue Art, was im normalen Alltagsleben so nicht möglich gewesen wäre. Dies war eine überraschende, unerwartete Erfahrung. Bei der Erkundung aller drei Projektthemen spielte die wiederholte intensive Ortserfahrung durch bewusstes Hinhören und Beobachten eine große Rolle. Nicht nur die Außenaufnahmen mit Surroundmikrofon und Videokamera an einem Ort erforderten stille Aufmerksamkeit, sondern auch die Beobachtung der Wirkung unserer kleinen Klanginstallationen auf die Dynamik des jeweiligen Ortes und auf das Verhalten von Passanten – etwa wenn man 20 Minuten lang mit einem weithin sichtbaren Trichter aus Pappe eine belebte Einkaufsstraße entlangging.

Mit Cathy van Ecks Projekt *Extended Ears* untersuchten wir Hörwirkungen in drei Phasen. In der ersten befassten wir uns mit Material- und Prozessforschung, indem wir Schalltrichter bastelten, die erforderliche Technik zusammenbauten und eine Smartphone-App programmierten. In der zweiten Phase testeten wir jedes Klangmodell, bewerteten dessen Wirkung, stellten seine Grenzen fest und definierten den Unterschied zwischen beabsichtigten oder erwarteten und den tatsächlich wahrnehmbaren Effekten. In der dritten Phase ging es um die performative Anwendung, das heißt die tatsächliche Erprobung der Hörmodelle im öffentlichen Raum als ein soziales Gemeinschaftserlebnis und als signalhafte Aktivität. In Bezug auf die soziale Interaktion und Wirkung des Projekts wurde klar, dass die performative Intervention die größte Wirkung erzielte, da wir hierbei der Bevölkerung den Akt des Hörens nahebrachten oder diese Erfahrung mit ihr teilten, indem wir den Leuten unsere Kopfhörer liehen. Die gesamte Untersuchung war auf die Beschaffenheit der Straßen und Plätze von Mülheim und deren charakteristische Klänge und Resonanzen abgestimmt. Die vorherrschenden ikonischen Klänge sowie deren Mischung prägten die Veränderungen im virtuellen Modell, aber auch die Anwendung des mechanischen Modells in der Mülheimer Fußgängerzone.

Kirsten Reeses Projekt *Augmenting Urban Sounds* wurde ebenfalls in drei Phasen realisiert: Das Ausloten und Sammeln der klanglichen Charakteristika des Ortes bildeten den Ausgangspunkt, gefolgt von Modifikation und Komposition, mit deren Ergebnissen in der dritten Phase die jeweiligen Klangräume auf subtile Weise moduliert wurden. Der serielle Charakter des Arbeitsprozesses und der zyklische Versuchsaufbau ähnelten naturwissenschaftlichen Experimentiermethoden. Unsere Vorgehensweise hatte direkte und indirekte Wirkungen auf die Menschen: Passanten bemerkten die hinzugefügten akustischen Elemente und ihre Reaktionen führten zu direkten Interaktionen. Die Tatsache, dass wir sichtbar im öffentlichen Raum standen, stellte sozusagen eine indirekte Interaktion dar, die es uns ermöglichte, mit den Einwohnern auf natürliche Weise ins Gespräch zu kommen. Die zusätzlich in die Geräuschkulisse eines Stadtraums eingespeisten Klänge offenbaren die Hörschwelle, bis zu der Menschen gewohnheitsmäßig vertraute Geräusche nicht mehr bewusst wahrnehmen. Die Machtverhältnisse in öffentlichen Räumen treten im Verlauf derartiger Projekte deutlich zutage – werden jedoch in der Klangkunst selten untersucht und gewichtet. Beim Eindringen in den öffentlichen Raum durch künstlerische Interventionen stellen sich Fragen nach Autorität, Eigentum und Hegemonie, sind das Erlaubte und die Grenzen des sozialen, ökonomischen und politischen Raums zu beachten. „Noise amplifies social relations and tracks the struggle for identity and space within the (…) city. In this sense, noise is a social signifier: determining unseen boundaries and waging invisible wars."[2]

Trond Lossius entwickelte sein Projekt *Losing Myself in the World* aus dem Ortsgefühl, das beim Hören entsteht. Er machte die Erfahrung, dass ein Aufenthalt von bis zu 30 Minuten an einem Ort – in Stille und ohne sich zu bewegen –, besonders dichtes Hören und erhöhte Aufmerksamkeit erzeugt. Sich auf den Ort durch regungsloses Schweigen, Beobachten und Hören einzulassen, erwies sich als eine der nachhaltigsten Erfahrungen dieses Projekts. Durch die Weitergabe dieser Erfahrungen entwickelte sich ein intensiver Dialog, der die Richtung des Prozesses mitbestimmte. Im öffentlichen Raum haben Tonaufnahmen Signalwirkung: Sie ermöglichen soziale Momente von geteiltem Hören mit Passanten. Auch das Phänomen des auditiven Wahrnehmungshorizonts[3], insbesondere in Verbindung mit Video- und Tonaufnahmen per Surroundmikrofon, wurde wiederholt deutlich. Die auditive Wahrnehmung hat meistens eine kürzere Reichweite als die visuelle – insbesondere weil der Verkehrslärm leisere und entferntere Geräusche übertönt –, kann aber an ruhigeren Orten durchaus sehr viel weiter entfernte akustische Phänomene registrieren. An solchen ruhigen urbanen Plätzen hört man nicht nur alle Geräusche aus der unmittelbaren Umgebung, sondern auch von weiter entfernten Orten, die das Auge nicht mehr erfasst.

Die wichtigsten aus den *sonozones*-Prozessen gewonnenen Erkenntnisse bestehen in der *Erfahrung* des Mülheimer Stadtraumes mittels Hören, durch die Klanginstallationen und Aktivitäten der vier Klangkünstler und in dem, was die Experimente bei den Menschen ausgelöst haben. Diese Erfahrungen bleiben und können weiter vermittelt werden. Selbst wenn es ein subjektives Erleben war, zeigt dies doch gerade, dass die primäre Wirkung auf die Aufmerksamkeit und die Praxis der Klangkunst sich im Rahmen persönlicher Erfahrungen vollzieht. Während der gesamten Dauer des *sonozones*-Projekts teilten wir diese Erfahrungen mit den Menschen in Mülheim, indem wir sie teilhaben ließen und uns selbst mit unseren Aktivitäten in der Öffentlichkeit präsentierten.

„Experience is compounded of feeling and thought. (…) memory and anticipation are able to wield sensory impacts into a shifting stream of experience. (…) It is a common tendency to regard feeling and thought as opposed, the one registering subjective states, the other reporting on objective reality. In fact, they lie at the two ends of an experiential continuum, and are both a ways of knowing."[4]

ANMERKUNGEN

* Alle Texte der Projektgruppe Sonozones Mülheim (Jan Schacher, Cathy van Eck, Kirsten Reese und Trond Lossius) sind Übersetzungen der englischen Originale.

1 Casey, Edward S.: „How to get from Space to Place in a Fairly Short Stretch of Time: Phenomenological Prolegomena". In: Steven Feld/Keith H. Basso (Hg.): *Senses of Place*. New Mexico 1996, S. 13–52, hier S. 24–26. Deutsche Übersetzung: „Orte sammeln Dinge in ihrer Mitte. (…) Was vor allem anderen bewahrt wird, sind [den Ort] erlebende Körper. (…) Orte bewahren auch derartige nicht körperhafte Entitäten wie Gedanken und Erinnerungen. (…) Seine [des Ortes] Kraft besteht darin, diese Leben und Dinge in einer Arena des gemeinschaftlichen Dialogs zu versammeln, jedes mit seinem eigenen Raum und seiner eigenen Zeit."

2 Voegelin, Salomé: *Listening to Noise and Silence. Towards a Philosophy of Sound Art*. London 2010, S. 45. Deutsche Übersetzung: „Lärm verstärkt soziale Beziehungen und verfolgt die Spur des Kampfes um Identität und Raum in der (…) Stadt. In diesem Sinn ist Lärm ein sozialer Signifikant: Er setzt ungesehene Grenzen und kämpft unsichtbare Kriege."

3 Ihde, Don: *Listening and Voice. Phenomenologies of Sound*, 2. Ausg. Albany, NY 2007, S. 103, im Original als „auditory horizon" bezeichnet.

4 Tuan, Yi-Fu: *Space and Place. The Perspective of Experience*. Minneapolis 1977, S. 10. Deutsche Übersetzung: „Erfahrung und Erleben bestehen aus Gefühlen und Gedanken. (…) Erinnerungen und Erwartungen können sinnlich wahrnehmbare Wirkungen auf einen wechselvollen Strom von Erfahrungen ausüben. (…) Es besteht eine allgemeine Tendenz, Gefühle und Gedanken als gegensätzliche Phänomene zu sehen, wobei das eine subjektive Zustände registriert und das andere objektive Realität vermittelt. Tatsächlich bilden sie die zwei Enden eines auf Erfahrung beruhenden Kontinuums und stellen nur unterschiedliche Arten von Wissen dar."

WEITERFÜHRENDE LITERATUR

Augé, Marc: *Non-places. Introduction to an Anthropology of Supermodernity*. London 1995; dt. Ausgabe: *Orte und Nicht-Orte. Vorüberlegungen zu einer Ethnologie der Einsamkeit*. Aus dem Französischen von Michael Bischoff. Frankfurt a. M. 1994

Cage, John: *Silence*. Middletown, CT 1961

Casey, Edward S.: „How to get from Space to Place in a Fairly Short Stretch of Time: Phenomenological Prolegomena". In: Steven Feld/Keith H. Basso (Hg.): *Senses of Place*. New Mexico 1996, S. 13–52

Chion, Michel: *Guide des Objets Sonores. Pierre Schaeffer et la recherche musicale*. Paris 1995; englische Übersetzung von John Dack und Christine North: *Guide to Sound Objects. Pierre Schaeffer and Musical Research*, Monoskop, http://monoskop.org/images/0/01/Chion_Michel_Guide_To_Sound_Objects_Pierre_Schaeffer_and_Musical_Research.pdf, 05.02.2015

Ihde, Don: *Listening and Voice. Phenomenologies of Sound*, 2. Ausg. Albany, NY 2007

Julius, Rolf: *Small Music (Grau)*. Hrsg. von Bernd Schulz. Heidelberg 1995

Krause, Bernie: *The Great Animal Orchestra: Finding the Origins of Music in the World's Wild Places*. London 2013; dt. Ausgabe: *Das große Orchester der Tiere. Vom Ursprung der Musik in der Natur*. München 2013

Neuhaus, Max: *Sound Works. Inscription*, Bd. 1, hrsg. von Gregory des Jardins. Ostfildern 1994

Reese, Kirsten: „Formung und Verwandlung. Aspekte des Umgangs mit Wirklichkeit im klanglichen Medium". In: *Positionen*, Heft 93 „Diesseitigkeit", Mühlenbeck 2012

Russolo, Luigi: *L'arte dei rumori*, 1913; dt. Ausgabe: *Die Kunst der Geräusche*. Mainz 2000

Tuan, Yi-Fu: *Space and Place. The Perspective of Experience*. Minneapolis 1977

Voegelin, Salomé: *Listening to Noise and Silence. Towards a Philosophy of Sound Art*. London 2010

Weiteres Audio-, Bild- und Videomaterial findet sich auf der Website zu dieser Publikation: http://blog.zhdk.ch/labormuelheim/

EXTENDED EARS

Cathy van Eck

In seinem futuristischen Manifest *L'arte dei rumori* (1913) forderte der italienische Komponist und Entwickler von Geräuscherzeugern Luigi Russolo, wir sollten die Geräusche der Stadt in unserer Fantasie zu einem Ganzen orchestrieren, um uns damit selbst zu unterhalten.[1] Bei meiner eigenen Arbeit in Mülheim konzentrierte ich mich auf diese „Musikalisierung" der alltäglichen Geräuschkulisse der Stadt und auf die Frage, wie und wo man die Grenze zwischen Alltagsgeräuschen und Musik zieht und wie man diese Grenze als wertvollen kompositorischen Parameter nutzen kann. Die gezielte Veränderung von Klängen – egal ob durch traditionelle Instrumente oder elektronisch erzeugt – ist häufig typisch für Musik. Indem ich die *Soundscape* einer Stadt mithilfe mechanischer, elektrischer oder digitaler Instrumente verändere, versuche ich, diese Geräusche zu „musikalisieren", ohne sie aus ihrem Kontext herauszulösen.

EXTENDED EARS 1: MECHANISCH

Die mechanische Veränderung erfolgt mit großen Schall- bzw. Hörtrichtern aus Pappe, Plastik oder Aluminium, die ans Ohr gehalten werden. Schallwellen, die direkt auf die große Trichteröffnung treffen, werden darin gebündelt und gelangen verstärkt ins Ohr des Hörenden, werden somit deutlicher hörbar als jene, die aus anderen Richtungen eintreffen.

In Mülheim probierte ich die Hörtrichter an verschiedenen Stellen aus: auf einer Brücke über die Ruhr, in einem Park, an einer stark befahrenen Straße und in der

Haupteinkaufsstraße. Verschiedene Experimente mit den Trichtern zeigten, dass ein Trichter an einem Ohr die Hörerfahrung der Geräusche deutlicher verstärkte als zwei Trichter an zwei Ohren. Da die Schallwellen im ersten Fall jeweils nur aus einer Richtung in einem Ohr aufgefangen wurden, konzentrierte sich dieses vollständig auf die zu hörenden Geräusche, während sich das andere Ohr komplett „verschloss". Es bestand ein deutlicher Unterschied zwischen beiden Ohren – dem „erweiterten" (*extended ear*) und dem „tauben" –, was mir das Hören an sich viel bewusster machte. Wenn ich nur einen Hörtrichter benutzte, fand ich es leichter, nach bestimmten Tönen und Geräuschen zu „suchen", wobei visuelle oder auditive „Auslöser" die Wahl bestimmten. Diese Suche war schwieriger, wenn ich mich an einer bestimmten Stelle aufhielt, und leichter, wenn ich durch den Stadtraum lief. Dabei lenkte das Hören an sich meine Schritte. Wenn ich ein neues Geräusch wahrnahm, ging ich in die Richtung, aus der es kam, sodass ich nach und nach die Stadt hörend entdeckte. Normalerweise nicht hörbare Sprachlaute wurden auf diese Weise wahrnehmbar; Brunnen, Ventilatoren, Fahrräder und Spaziergänger wurden zu Objekten, die ich mit dem Hörtrichter einfangen konnte.

EXTENDED EARS 2: ELEKTRISCH

Die elektrische Modulation von Stadtgeräuschen erfolgt durch Tonaufnahmen mit einem Mikrofon, die per Kopfhörer gehört werden können. Bei meinem ersten Versuch dieser Serie hörte ich mithilfe eines kompakten Aufnahmegeräts, das ich auf einer Terrasse auf den Tisch gestellt hatte, über Kopfhörer die Umgebungsgeräusche ab. Oft fiel es mir schwer, das Gehörte mit dem Gesehenen in Verbindung zu bringen. Im Kopfhörer erklangen Schritte – und ich musste mich erst einmal umsehen, woher sie kamen, nur um plötzlich zu realisieren, dass eine Frau gerade zwei Meter von mir entfernt vorbeiging. Dadurch, dass die Umgebungsgeräusche meine Ohren auf dem Umweg über Mikrofon und Kopfhörer erreichten, wurden sie so sehr von der Umgebung abgeschnitten, dass der Bezug zwischen den visuellen und auditiven Elementen der Stadt – der in unserem Alltagsleben selbstverständlich ist – oft nicht herzustellen war.

Natürlich spielte die Qualität des Mikrofons bei diesen Versuchen eine große Rolle, vor allem seine Eigenschaft als Richtmikrofon. Die Auswahl reicht vom Monomikro des iPhone über die Stereotechnik des Kompaktrekorders, der ein zweidimensionales Schallfeld erzeugt, bis zum Ambisonic-Mikrofon (das von Trond Lossius verwendet wird), das eine *Soundscape* zu einem hyperrealen Erlebnis werden lässt, indem es zu den wahrgenommenen Geräuschen und Tönen eine Perspektive hinzufügt. Die elektrische Aufnahmetechnik sollte daher nicht als einzelner Ansatz gesehen werden, sondern vereint verschiedene Ansätze, die sich durch die Wahl des Mikrofons unterscheiden.

EXTENDED EARS 3: DIGITAL

Die digitale Abwandlung verändert gezielt die *Soundscape* einer Stadt, indem sie Geräusche verfremdet oder neue hinzufügt. Jan Schacher und ich entwickelten eine iPhone-App, die per iPhone-Mikrofon Umgebungsgeräusche aufnimmt und sie dabei live-elektronisch verändert, sodass man das neue Klanggemisch direkt über Kopfhörer abhören kann. Die App reagierte je nach Schallintensität der Umgebung unterschiedlich. Bei moderaten Pegeln fügte sie nur etwas Hall hinzu, wodurch die Stadtgeräusche irreal und fast gespenstisch wie in einem riesigen Gewölbe klangen. Wenn es an einem Ort ruhig war, fügte die App neue Klänge hinzu, zum Beispiel Vogelgezwitscher, Kinderlachen oder das Geräusch eines vorbeifahrenden Autos. Dafür wählte ich Geräusche aus, die am jeweiligen Ort vorkommen könnten, wobei einige davon eher ungewöhnlich erscheinen, etwa die Geräusche einer Pferdekutsche. Beim Hören eines solchen Geräuschs hält man natürlich Ausschau nach der Ursache, die man jedoch visuell nicht lokalisieren kann, da es ja nur eine Tonaufnahme ist. So wird also eine zusätzliche Klangschicht über die erste, originale *Soundscape* der Stadt gelegt. Die dritte Veränderung der städtischen Geräusche durch die App geschah, sobald der Pegel überdurchschnittlich anstieg, zum Beispiel wenn Lastwagen oder Straßenbahnen vorbeifuhren. Die App filterte die Geräusche und verwandelte sie in harmonische Akkorde, das heißt sie „musikalisierte" deren Klang. Ich hatte mit der App beabsichtigt, die verschiedenen Geräusche der Stadt und ihre Beziehung zum Gesehenen bewusster wahrzunehmen, stellte dann aber fest, dass meine Wahrnehmung der ursprünglichen urbanen *Soundscape* erheblich getrübt wurde. Meine Aufmerksamkeit galt nicht mehr dem akustischen Umfeld an sich, sondern den durch die App verursachten Variationen. Zwar basierte diese digital erzeugte *Soundscape* auf der realen Geräuschkulisse, war aber doch nur eine Einspeisung und nicht das Originalmaterial.

VERGLEICH ZWISCHEN MECHANISCHEN, ELEKTRISCHEN UND DIGITALEN „OHRERWEITERUNGEN"

Alle drei Formen der „Ohrerweiterung" bzw. Hörverstärkung wurden nacheinander jeweils in den gleichen Situationen und an denselben Orten in Mülheim getestet, was den Vergleich zwischen den Hörerlebnissen durch mechanische Hörtrichter, elektrische und digitale Audiosysteme ermöglichte. Welche Klänge und Geräusche sind interessant oder faszinierend und daher wichtig genug, dass ihnen zugehört wird? Die Menschen sollten dazu ermutigt werden, aufmerksamer hinzuhören, um die Geräusche in ihrer Umgebung bewusster wahrzunehmen. Die subtile Variation der alltäglichen Beschallung, der wir in der Stadt ausgesetzt sind, durch Hinzufügung musikalischer Harmonien könnte dazu anregen.

Bei meinen vielen *sound walks* durch Mülheim hatte ich vor allem in der Schloßstraße, der Haupteinkaufsmeile der Stadt, interessante Hörerfahrungen. Früher, so

erfuhr ich von Einwohnern, war sie eines der Hauptangebote der Stadt, aber heute stehen viele Läden leer und die verbliebenen bieten vielfach nur Waren von minderer Qualität. Die klanglichen Bedingungen in dieser Straße sind allerdings hochinteressant, erstens weil dort nur wenige Autos fahren, die anderswo leisere Geräusche übertönen, und zweitens weil dort zahlreiche geräuschvolle Aktivitäten stattfinden – wie einfaches Entlanglaufen, Gespräche der Passanten sowie Jugendliche, die mit ihren Skateboards fahren. Im Gegensatz zu diesen flüchtigen Geräuscherzeugern fungieren die Läden als stabiler Fokuspunkt, indem sie mit ihrer Musik aus Lautsprechern, dem Brummen von Klimaanlagen oder Türgeräuschen die Ecksteine der *Soundscape* bilden. Das reichhaltigste Hörerlebnis ist möglicherweise, nach der Erfahrung mit akustischen Erweiterungen wieder ohne jegliche Hilfsmittel durch dieselbe Schloßstraße zu laufen: Plötzlich wird man sich der spezifischen akustischen Atmosphäre und Qualität, die man durch die Erweiterungen nicht wahrgenommen hatte, wieder bewusst.

Beim Vergleich der drei Hörerweiterungen stellte sich heraus, dass die mechanischen „Ohren" (die Hörtrichter) die Interaktion zwischen dem Hörenden und der Umgebung am stärksten anregte und es ermöglichte, die Grenze zwischen alltäglicher *Soundscape* und musikartiger Klangkunst in beide Richtungen zu überschreiten. Dafür kann es mehrere Gründe geben: Zunächst einmal weiß der Hörende genau, wie er die *Soundscape* verändert, indem er den Trichter ans Ohr hält. Anders als bei den elektrischen oder digitalen Verstärkungen gibt es keine unsichtbare Technologie. Sobald man den Trichter in die Richtung hält, aus der man Geräusche hören will, stellt man den direkten Kontakt zwischen Empfangsgerät und Umgebung her. Diese Verbindung ist viel schwerer herzustellen, wenn man ein Mikrofon benutzt, da seine Ausrichtung nicht der unserer Ohren entspricht und es daher eine eher indirekte Erweiterung der körperlichen Funktion darstellt. Während die kompositorischen Aspekte der mechanischen und elektrischen „Ohrerweiterungen" nur die Wahl der Aufnahmetechnik und des Standorts betrifft, kommt die digitale Technik der traditionellen Kompositionsweise viel näher. Zum Beispiel ergibt der gefilterte Klang des motorisierten Verkehrs verschiedene Harmonien und wird von den ursprünglichen Geräuschen abgekoppelt. Dadurch fängt man an, auf einzelne modulierte Tonhöhen zu achten, statt auf den Gesamtklang aller Stadtgeräusche. Zu guter Letzt, führt der Hörtrichter auch ein visuelles Element in das Experiment ein. Während des Gangs durch die Schloßstraße mit dem Trichter am Ohr wird die Hörende zur „Performerin" und zieht die Aufmerksamkeit der Passanten auf sich, die den Trichter auch korrekt als Hörgerät identifizieren. Erblickt ein Passant jemanden, der mit einem solchen Gerät sichtlich intensiv lauscht, wird er vielleicht ebenfalls intensiver hinhören und sich fragen: Worauf hört *die* denn wohl?

ANMERKUNGEN

1 Vgl. Russolo, Luigi: *L'arte dei rumori*, 1913; dt. Ausgabe: *Die Kunst der Geräusche*. Mainz 2000

Weiteres Audio-, Bild- und Videomaterial findet sich auf der Website zu dieser Publikation: http://blog.zhdk.ch/labormuelheim/

AUGMENTING URBAN SOUNDS

Kirsten Reese

Die künstlerische Forschung zum Thema Klangkunst im öffentlichen Raum, die Jan Schacher und ich vom 22. bis 26. Juli 2013 in Mülheim betrieben, bestand vor allem in der Installation kleinformatiger Aufnahme- und Abspielsysteme an ausgewählten öffentlichen Orten. Unsere „Feldstudien" wiederholten sich täglich nach einem bestimmten Schema und umfassten: 1. Erkundungen in der Stadt, Beobachten und Hören, Audio-, Video- und Fotoaufnahmen (meistens am Vormittag), 2. Reaktionen auf das Beobachtete durch die Entwicklung kurzer Audiospuren (am Nachmittag), und 3. deren Installation an den untersuchten Orten in der Stadt (zum Abschluss des Tages). Das Audiomaterial für diese Eingriffe in die urbane Geräuschkulisse nahm mehrheitlich Aufnahmen des jeweiligen Ortes der Installation zum Ausgangspunkt oder andere auditive Materialien mit Bezug auf diesen. Die Strategie des Aufnehmens (sowohl über unsere Wahrnehmung und Reflexion als auch medial) von Atmosphären und Klängen und ihre Re-Installation an einem Ort könnte man als „Augmentation" nicht im Sinne einer Vergrößerung, jedoch einer Erweiterung und Überhöhung vorhandener urbaner Klänge verstehen. (Ausführliche Beschreibungen unserer täglichen „Feldforschung" sowie der einzelnen Installationen und Installationsorte mit Audio- und Videobeispielen finden sich auf der Website zu dieser Publikation.) Die Audiotechnik bestand aus zwei bis vier Lautsprechern mit einem Durchmesser von acht Zentimetern, mobilen Verstärkern und MP3-Playern mit Stereo- oder Vierkanalton. Dieses Equipment hatte ich bereits früher für Installationen unter freiem Himmel verwendet; es bot daher eine gute Vergleichsbasis für die Experimente in Mülheim.

Die Analyse unserer Ergebnisse und Erfahrungen in Mülheim ließ mehrere Forschungsfelder erkennen: Ein Aspekt befasste sich mit der Erkundung städtischer Situationen und Konstellationen über Installationen mit Klang. Die Reaktionen von Passanten gaben uns Hinweise darauf, wie Menschen einen architektonisch und/oder gesellschaftlich definierten öffentlichen Raum nutzen, wo sie Platz zum Hören finden und sich auf die hinzugefügten Geräusche einlassen. Das zweite Forschungsfeld betraf die möglichen ästhetischen und sozialen Wirkungen von Klangkunst im öffentlichen Raum und die komplexe Frage, wie man diese bewertet – eine Frage, die wir an den fünf Projekttagen vor Ort intensiv diskutierten. Beim dritten Forschungsaspekt ging es vor allem um die Reflexion der eigenen künstlerischen Praxis, wobei allgemeine, grundlegende Fragen im Vordergrund standen, wie etwa: Wie gehen wir bei der Konzipierung eines neuen Werks für den öffentlichen Raum vor? Mit welchen Fragestellungen werden wir dabei konfrontiert? Welche Art von Kontinuität ist vorhanden? Wann machen wir als Künstler oder künstlerisch Forschende etwas, das wir noch nie gemacht haben? Was bleibt von einem nicht permanenten, transitorischen Werk? Die kleinformatigen Klanginstallationen, die wir in Mülheim schufen, gaben uns außerdem die Chance, technische Aspekte der Klangkunst im öffentlichen Raum und deren Verbindung mit ästhetischen Faktoren zu evaluieren.

Das Mülheim-Projekt war von Anfang an als forschendes Projekt konzipiert. Die Schauplätze waren Versuchsorte, unsere Eingriffe und Installationen waren Prüfmodelle und keine fertigen, in sich geschlossenen Kunstwerke. Bei meinem ersten Aufenthalt in Mülheim verbrachte ich zunächst ein Wochenende allein in der Stadt. Im Gegensatz zu anderen ortsbezogenen Projekten versuchte ich nicht, sofort bewusst konkrete Ideen für das Projekt zu entwickeln, sondern „flanierte" einfach durch die Stadt, unternahm eine Bootsfahrt auf der Ruhr, besuchte ein Mittelalterfest auf Schloss Broich, schaute und hörte mich um. Ich dachte darüber nach, wie solch eine Aufgeschlossenheit, das Verzichten auf spezifische Erwartungen oder das Wecken derselben dazu dienen können, grundlegende Aspekte des eigenen künstlerischen Ansatzes zu reflektieren, zum Beispiel die Frage, warum man überhaupt neue Töne, Geräusche und Klänge in die Welt setzen will. Rolf Julius formulierte seine Haltung in Bezug auf sein Konzept der „kleinen Musik" – die Bevorzugung von leisen Klängen, die über kleine Lautsprecher ohne große Leistung wiedergegeben werden – einmal so: „Ich möchte diese Erde nicht massenweise mit neuem Zeug befrachten. Die Erde ist schon voll. Wenn wir sorgfältig mit kleinen Dingen arbeiten, ist das besser für das Gesamtsystem der Erde."[1]

In vielen oder den meisten meiner Arbeiten ist der Ausgangspunkt ein spezifischer Ort oder ein Raum. Wie stand es mit Mülheim als Ausgangsort? Während meines ersten Wochenendes in Mülheim vermittelte sich mir der Eindruck einer recht ausdruckslosen Stadt. Die einzige Besonderheit, die Mülheim mit anderen Städten

im Ruhrgebiet teilt, scheint die Tatsache zu sein, dass sie keinen Stadtkern hat. Stadtteile und Vororte gehen offenbar fast nahtlos ineinander über, mit nur kleinen ländlichen Arealen dazwischen. Mülheim ist ein Ort ohne Gravitationspunkt und erzeugt daher ein seltsames Gefühl der Losgelöstheit. Andererseits weiß ich aus meiner Arbeit außerhalb von Blackbox-Situationen, insbesondere an Orten unter freiem Himmel, Orten mit einer *eigenen Wirklichkeit*, dass sich überall etwas Spezifisches und sogar Spektakuläres entdecken lässt. Die Realität und Geschichte dieser Orte ist so vielfältig, dass man – wenn man genau hinschaut und sich intensiv auf sie einlässt – dort immer Bezugspunkte entdeckt.[2] Die Kunst des genauen Hinschauens generiert erst das Objekt, das es wert ist, genau angeschaut zu werden. In diesem Sinne kann jeder Ort als Ausgangspunkt einer Arbeit dienen.

WER HÖRT ZU? ÄSTHETISCHE UND SOZIALE RELEVANZ

„Traditionally composers have located the elements of a composition in time. One idea which I am interested in is locating them, instead, in space, and letting the listener place them in his own time. I'm not interested in making music exclusively for musicians or musically initiated audiences. I am interested in making music for people."[3]

Max Neuhaus' programmatische Aussage aus dem Jahr 1974 ist für die Klangkunst im öffentlichen Raum immer noch ein konstitutiver Faktor. Die Komposition einer Klanginstallation lenkt das Augenmerk auf den Raum statt auf die Zeit und richtet sich an die allgemeine Öffentlichkeit im Freien statt an Zuhörer in einem Konzertsaal. Neuhaus' Aussage beweist, dass eine Erweiterung der potenziellen Zuhörerschaft für ihn enorm wichtig war. Gleichzeitig konzipierte er seine Arbeiten „an der Schwelle zur Wahrnehmung" und wollte, dass die Menschen sie „in ihrer eigenen Zeit und zu ihren eigenen Bedingungen" entdecken:[4] „Disguising them [the works] within their environments in such a way that people discovered them for themselves and took possession of them, lead by their curiosity into listening."[5]

Neuhaus verzichtete auf die (ästhetische) Kontrolle über sein Publikum. Die Anlage seiner Werke erlaubt keine direkte Kommunikation mit – oder Rückmeldungen von – einzelnen Zuhörern, es geht auch nicht darum, wie viele zuhören. Da die meisten Arbeiten von Max Neuhaus permanente Installationen im öffentlich zugänglichen Raum sind, kann der Entdeckungsprozess länger dauern; über die Jahre nimmt die Anzahl der Hörer zu. Bewusst oder unbewusst scheint die Frage nach der Anzahl derer, die das Werk beachten und es hörend wahrnehmen (heutzutage nicht zuletzt eine Frage der ökonomischen Relevanz) sich in unsere Vorstellungen und Bewertungen darüber eingeschlichen zu haben, „was sinnvoll ist" – sogar in Bezug auf die Klangkunst, die sich definitiv am Rande des Musikgeschäfts und Kunstmarkts bewegt. Die Konzeption von Arbeiten „an der Schwelle zur Wahrnehmung" scheint dem Gedanken zu widersprechen, für ein Publikum attraktiv zu sein, Aufmerksamkeit zu erregen und überhaupt relevant zu sein.

Angesichts des Fragenkomplexes nach Wahrnehmbarkeit und Zuhörerzahlen können Neuhaus' Arbeiten als transitorisch bezeichnet werden, obwohl sie überwiegend dauerhaft installiert sind. Heißt das auch, dass sie im Hinblick auf ihre ästhetische und gesellschaftliche Wirkung Randerscheinungen bilden? Rolf Julius' temporäre Installationen mit Performancecharakter, etwa die seiner Berliner Konzertserien von 1981/1982, wurden jeweils nur von einem kleinen Publikum gesehen und gehört. Für sein *Kammerkonzert für drei Lautsprecher* platzierte er drei kleine Lautsprecher auf dem weitläufigen Gelände vor der Philharmonie nahe des Potsdamer Platzes, der damals, vor dem Mauerfall, tatsächlich am Ende der Welt, jedenfalls der westlichen, lag. Welche Spuren hinterlässt ein solcherart flüchtiges, nur kurz andauerndes Klangkunstwerk? Die Dokumentation des *Kammerkonzerts für drei Lautsprecher* umfasst ein Audiodokument auf CD, eine kurze poetische Erläuterung von Julius selbst sowie eine Fotografie.[6] Insbesondere die Fotografie vermittelt den Eindruck von atmosphärischer Dichte und mag als Beispiel dafür dienen, wie ein Foto oder eine Tonaufnahme im Kopf des Zuschauers/Zuhörers einen imaginativen Kontext von eigener ästhetischer Wirkung entstehen lassen kann.

Dies wirft die Frage nach der Dokumentation von Klang- und Klangrauminstallationen auf. Die „Logbuch-Dokumentation" unseres Mülheim-Projekts mit Berichten über unsere täglichen Erkundungen und Installationen machte uns erneut deutlich, dass Tonaufnahmen, Fotos und Videos als nicht-sprachliche Medien tatsächlich ganz andere Aspekte erfassen und auf andere Weise verdeutlichen als Beschreibungen in Worten.

LOSLASSEN

Wenn ich an einer Klanginstallation für einen bestimmten Kontext arbeite, spielt das Nachdenken über das mögliche Publikum, das soziale Umfeld des Raums, in dem die Arbeit präsentiert wird, und die Frage, wie er von Menschen genutzt wird eine wichtige Rolle. Die Motivation hierfür resultiert nicht zuletzt aus einer wirklichen Neugier: Ich will wissen, was an diesen Orten so passiert. Diese „Untersuchungen" inspirieren mich wiederum und fließen in die jeweilige Arbeit ein. In Mülheim haben wir mit unseren Versuchen zum Thema „Wer hört zu?" die Frage der Nutzung des öffentlichen Raums auf abstraktere Weise untersucht, das heißt ohne Bezug auf eine konkrete örtliche Infrastruktur. Will man sicherstellen, dass Passanten an öffentlichen Orten zuhören und die ästhetische und soziale Relevanz von Klangkunstprojekten quasi nachhaltig überprüfen, müsste man diese inner-

halb der örtlichen Infrastrukturen und im Rahmen lokaler künstlerischer oder sozialer Kontexte präsentieren. Andererseits ist es eine radikale, aber dennoch höchst relevante künstlerische Position (vertreten in den Werken von Neuhaus und Julius), Klänge – selbst „kleine Töne" – in die Welt zu setzen und „loszulassen". Dieses Loslassen lockert die Kontrolle des Künstlers und macht die Zuschauer/Zuhörer zu freien künstlerischen Subjekten. Auch umgeht es die häufig implizite pädagogische Orientierung von Projekten im öffentlichen Raum, wie sie beispielsweise aus Statements in der Tradition der ursprünglichen *Soundscape*-Bewegung der 1970er Jahre (die Menschen sollten mehr zuhören, man sollte Menschen das Hören beibringen etc.) zum Ausdruck kommt.

ANWESEND SEIN

In Mülheim wurde uns klar, dass bei wahrhaft forschungsorientierten, ergebnisoffenen ortsgebundenen Projekten der Ausgangspunkt doch immer der Ort bleibt und damit verbunden die Aufmerksamkeit, die man diesem Ort widmet. Insbesondere die schlichte *Anwesenheit* ist ausschlaggebend; alle Fragestellungen und Ideen für unsere Arbeit ergaben sich daraus, dass wir mit wachen Sinnen und ohne vorgefasste Absichten über einen längeren Zeitraum an einem Ort präsent waren. Der Künstler ähnelt einem Seismografen, der die Schwingungen eines Ortes und einer

Atmosphäre aufnimmt. Als außenstehender Beobachter weiß er weniger über den Ort, als die Menschen, die dort schon länger leben. Diese Position des Außenstehenden ermöglicht es allerdings, Dinge zu sehen, die andere vielleicht nicht sehen.[7] Beim Erspüren eines Ortes ist das Hören von entscheidender Bedeutung; dazu gehört das Zuhören in kommunikativen Situationen, im Gespräch mit anderen Anwesenden – Menschen, die dort wohnen oder arbeiten. Die Gespräche, die wir während des Aufbaus unserer Installationen mit Menschen aus Mülheim führten, waren für den gesamten Prozess unserer klangkünstlerischen Interaktion mit der Stadt Mülheim aufschlussreich.

ANMERKUNGEN

1 Äußerung vom 10. Februar 1992. In: Julius, Rolf: *Small Music (Grau)*. Hrsg. von Bernd Schulz. Heidelberg 1995
2 Reese, Kirsten: „Formung und Verwandlung. Aspekte des Umgang mit Wirklichkeit im klanglichen Medium". In: *Positionen*, Heft 93 „Diesseitigkeit", Mühlenbeck 2012, S. 31–33
3 Neuhaus, Max: *Sound Works. Inscription*, Bd. 1, hrsg. von Gregory des Jardins. Ostfildern 1994, S. 34. Deutsche Übersetzung: „Traditionell haben Komponisten die Elemente einer Komposition in der Zeit zu verorten. Mich interessiert dagegen die Idee, sie im Raum zu verorten und es dem Hörer zu überlassen, sie in seiner eigenen Zeit zu verorten. Ich bin nicht daran interessiert, Musik exklusiv für Musiker oder Musikkenner zu machen. Ich will Musik für alle Menschen machen."
4 Vgl. ebd.
5 Ebd., S. 82. Deutsche Übersetzung: „(…) sie [die Arbeiten] in ihrer Umgebung so zu verbergen, dass die Menschen sie für sich selbst entdeckten und zu eigen machten, durch ihre Neugier zum Hören verleitet."
6 Julius, Rolf, Endnote 1, S. 43
7 Vgl. Reese, Kirsten, Endnote 2

Weiteres Audio-, Bild- und Videomaterial findet sich auf der Website zu dieser Publikation: http://blog.zhdk.ch/labormuelheim/

LOSING MYSELF IN THE WORLD

Trond Lossius

Vor meiner Ankunft in Mülheim wusste ich nicht viel über die Stadt, dachte mir aber, dass Tonaufnahmen vor Ort die richtige Methode wäre, sie kennenzulernen. Das *sonozones*-Projekt ohne vorgegebenes Ziel war für mich die willkommene Gelegenheit, nicht nur Mülheim und seine Umgebung zu erkunden, sondern auch zu untersuchen, wie ich als Klangkünstler mit Orten in Beziehung trete, welche künstlerischen Strategien und Vorlieben ich in Bezug auf Feldaufnahmen habe und wie ich generell Orte durch das Erzeugen und Hören von Geräuschen wahrnehme, einnehme und verstehe. Ganz unbeabsichtigt entstand durch meinen Aufenthalt in Mülheim ein neues Werk, eine audio-visuelle filmische Installation, die – glaube ich – viele Aspekte der Diskussionen und des Erfahrungsaustauschs zwischen Jan Schacher und mir widerspiegeln.

Mein Hauptinteresse gilt dem Klang und seinen räumlichen Eigenschaften. Klänge enthalten Informationen über die Orte, an denen sie erschallen, und können Orte überhaupt erst entstehen lassen. Wenn Klang über mehrere in einem Raum verteilte Lautsprecher reproduziert wird, schärft oder stört das unsere Wahrnehmung des betreffenden Ortes mit seiner Architektur, seiner akustischen, sozialen und kulturellen Beschaffenheit. Diese räumliche Information soll in meinen Aufnahmen eingefangen werden. Deshalb arbeite ich mit Ambisonic-Mikrofonen, die Geräusche aus allen Richtungen empfangen, sodass sich die Aufnahmen später als dreidimensionale Klangfelder reproduzieren lassen. Ich finde, dass diese Mikrofone nicht nur den Klang als solchen, sondern auch die gefühlte Atmosphäre eines Raums einfangen.

Wenn man einer Stereoaufnahme zuhört, hat man den Eindruck, *er* (der Raum) sei da, während die immersiven und umgebenden Klänge eines Surroundsystems einen fühlen lassen, das *man* selbst im Raum sei.

In Mülheim machte ich zunächst an einigen Orten in der Stadt Tonaufnahmen, während Jan die Lokalitäten und mich in Aktion fotografierte. In den Pausen sprachen wir über den Prozess und unsere Eindrücke und überlegten, was die verschiedenen Standorte wohl zu attraktiven Aufnahmeplätzen machen würde. Schon zu Beginn dokumentierten wir den künstlerischen Prozess auch per Video. Als wir das Material vom ersten Tag abspielten, stellten wir fest, dass einige Videoaufnahmen auf faszinierende Weise mit den Tonaufnahmen korrespondierten. Ein Video zeigt mich zunächst, wie ich während dem Aufnehmen „zuhöre". Danach schwenkt die Kamera ab und zoomt eine weiter entfernte Brücke und die Konzerthalle auf der anderen Seite der Ruhr heran. Diese beiden Szenen reflektieren viele unserer Intentionen und Interessen, die wir bereits mit den Tonaufnahmen verfolgten: Wir wollten die städtischen Umgebungsgeräusche, nahe und ferne Laute registrieren und dokumentieren, dass das Gehörte nicht unbedingt immer dem Gesehenen entspricht oder umgekehrt. Es dämmerte uns, dass die Kombination von Audio- und Videoaufnahmen überzeugende Qualitäten besitzt, und während wir in den folgenden Tagen diese kombinierte Klangspur weiterverfolgten, kristallisierte sich die Idee zu einer neuen Klangkunstarbeit heraus: *Mülheim an der Ruhr, August 2013*.

Dabei handelt es sich um eine Serie audio-visueller Dokumente (Feldaufnahmen), die als *slow cinema* vorgeführt werden. Handlung und Darsteller fehlen; die urbane *Soundscape* übernimmt die Hauptrolle. Die Arbeit kombiniert Surroundaufnahmen von Umgebungsgeräuschen mit statischen Videoaufnahmen. Die Uraufführung der elf Szenen von je fünf bis 20 Minuten Dauer fand im KINOKINO (Zentrum für zeitgenössische Kunst und bewegte Bilder) in Sandnes, Norwegen statt. Alle Sequenzen zeigen verschiedene vorstädtische Außenräume aus stationärer Kameraposition mit dem Mikrofon an prominenter Stelle im Bild. Die gezeigten Orte – Parkplätze, Parks, Plätze, Straßenkreuzungen oder offene Flächen zwischen Gebäuden – wirken langweilig und anonym. Ich bevorzuge Aufnahmen, die den Eindruck von Weite und Offenheit vermitteln, weil sie nicht nur zeigen, was in unmittelbarer Nähe zur Kamera geschieht, sondern weiter reichen und die größeren räumlichen Zusammenhänge abbilden, in die der Schauplatz einer Aufnahme eingebettet ist. Diese Zusammenhänge lassen sich aus größerem Abstand zu Gebäuden, Mauern und anderen baulichen Strukturen, welche die Weite und Reichhaltigkeit an räumlichen Informationen einschränken könnten, besser registrieren. Viele meiner Aufnahmen entstehen entlang oder in der Nähe von Verkehrsrouten, wie Gehwegen, Straßen, Flüssen, Autobahnen, Straßenbahn- und Eisenbahntrassen oder Einflugschneisen zu Flughäfen. Die Geräusche von Schritten, Autos, Bussen, Zügen und Flugzeugen verweisen auf das Hier und Jetzt, suggerieren jedoch gleichzeitig auch die Orte der

Abfahrt/des Abflugs und die Zielorte. Diese Klänge weisen räumlich und zeitlich über den Aufnahmeort hinaus und verorten ihn so in einer größeren Welt.

Außenaufnahmen erfordern eine Anwesenheit am Ort durch genaues Hören und können unter Umständen als eine Untersuchung der grundlegenden Aspekte der Ortserfahrung dienen. Das Mikrofon wird zum „Anwesenheitswerkzeug", weil es zur Aufmerksamkeit über einen längeren Zeitraum anregt, während dessen sich die Wahrnehmungsskalen allmählich verändern und erweitern. Bei der Aufnahme muss man sich unbedingt auf den Klangcharakter des jeweiligen Ortes einstellen, und wenn es mir gelingt, den richtigen Bewusstseinszustand zu erreichen, verliere ich mich selbst in der Welt. Ich habe dann kein klares Zeitgefühl mehr, stattdessen erlebe ich das Klanggeschehen in seinem Verlauf so, als ob es meinen Körper und Geist durchdringt oder damit resoniert. Aufgrund fehlender bedeutungsvoller Geschehnisse und narrativer Abfolgen richtet sich die Aufmerksamkeit auf die unzähligen kleinen Ereignisse. Erst hat man den Eindruck, als passiere fast nichts, aber – so hat John Cage es empfunden – die Erweiterung der bewussten Wahrnehmung verändert jede Situation, sodass diese „not boring at all" bleibt.[1]

Obwohl die meisten Schallquellen mühelos zu identifizieren und zu indexieren sind, gelange ich in einen Zustand, den Pierre Schaeffer „reduziertes Hören" genannt hat: das Hören auf Geräusche in ihrer Eigenschaft als Klangobjekte, also um ihrer selbst willen.[2] Statt das Schallfeld in einen Katalog singulärer Objekte zu zerlegen, höre ich multiple simultane Klangschichten, die aus verschiedenen Richtungen aus der Nähe oder Ferne kommen, und zapfe so ein komplexes Netz soziogeografischer Energien und Ereignisse an. Zuhören bedeutet auch eine Introspektion in psycho-akustische räumliche Hörfähigkeiten. Auditive Ereignisse werden entweder an visuell erfasste Informationen gekoppelt oder von ihnen getrennt erlebt. Visuell bedeutsame Ereignisse – etwa die nur wenige Meter vom Mikrofon entfernt weidende Kuh – sind vielleicht aufgrund des Lärms der Autobahn in unmittelbarer Nähe gar nicht hörbar. Ein Zug in voller Fahrt oder ein Feuerwerk sind möglicherweise aus der Ferne zu hören, jedoch nicht zu sehen, entweder weil es Nacht ist oder weil die Schallquelle außerhalb des Blickfelds liegt. Beim Kombinieren von Ton- und Videoaufnahmen fällt auf, dass die beiden Aufnahmetechniken im Hinblick auf die räumlich erfassten „Objekte" sehr unterschiedlich arbeiten, ähnlich wie Gehör und Sehvermögen sich unterscheiden. Während die Kamera Bilder selektiv aus nur einer Richtung aufnimmt, fängt das Ambisonic-Mikrofon wahllos sämtliche Umgebungsgeräusche aus allen Richtungen ein. Ebenso fokussieren wir mit unseren Augen Dinge gezielt und bewusst, während wir Klänge weniger aufmerksam rezipieren und selten erkennen oder zu schätzen wissen, wie das räumliche Hören uns hilft, in die Welt um uns herum einzutauchen. Die Hörerfahrung während Tonaufnahmen ähnelt im Hinblick auf die identifizierbaren Klangschichten und -stränge dem Hören polyfoner Musik. Anders als beim Kontrapunkt sind die

verschiedenen Schichten hier jedoch hochgradig unabhängig voneinander. Wenn diese Klangkunst überhaupt Musik genannt werden kann, dann nur, weil ich es so möchte. Hören bedeutet, dass ich die Pluralität menschlicher und gesellschaftlicher Intentionen und natürlicher Kräfte, die zufällig zur selben Zeit am selben Ort koexistieren, akzeptiere und mir zu eigen mache.

Klangkünstler, die Feldaufnahmen machen, neigen dazu, sich in Fortsetzung der futuristischen „Kunst der Geräusche"[3] entweder auf Stadtgeräusche oder Laute in der freien Natur zu konzentrieren oder isolierte Schallquellen in der Natur zu Dokumentationszwecken, für Naturfilme oder künstlerische Zwecke aufzunehmen – oder aber nach Art von Bernie Krause holistische akustische Biosphären zu schaffen.[4] Die Unterscheidung von natürlichen und menschengemachten Geräuschen mag zwar produktiv sein, die meisten in den Vorstädten anzutreffenden Klangumgebungen stammen aber weder allein aus natürlichen Quellen noch ausschließlich vom Menschen, sondern sind eher „dreckige" Mischungen des Anthropozäns. Marc Augé definiert anthropologische Orte als Orte der Identität, der Beziehungen und der Geschichte und nennt alle anderen, die nicht in diese drei Kategorien passen, „Nicht-Orte". Das Erscheinungsbild und die Vermehrung solcher Nicht-Orte stiften weder einzigartige Identität noch Beziehungen – nur Einsamkeit und Gleichförmigkeit.[5] Der Großteil unserer Aufnahmen in Mülheim entstand an solchen Nicht-Orten.

Den meisten Vorstädten fehlen einzigartige, spektakuläre Merkmale, wie charaktervolle Orte sie aufweisen. Die Tatsache, dass sie mittelmäßig und anonym wirken, rechtfertigt aber nicht, dass man sie links liegen lässt und vernachlässigt, wie es oft geschieht, vor allem, wenn man bedenkt, dass zumindest in der westlichen Welt ein Großteil der Bevölkerung die meiste Zeit ihres Lebens in einer Vorstadt verbringt. Das bewusste Hören kann der Erfahrung des Verweilens an einem Ort eine persönliche Bedeutung verleihen, selbst wenn die auditive Domäne in diesen Kontexten keine anderen spezifischen klanglichen Zeichen besitzt als diejenigen, die den Tag strukturieren oder vor Gefahren warnen – etwa Kirchturmuhren und -glocken, klickende Blindenampeln an Straßenkreuzungen und Sirenen – oder als die klanglichen Charakteristiken architektonischer Räume. Konzentrierte Aufmerksamkeit offenbart eine Fülle von Elementen, die das Erleben eines Ortes beeinflussen, wie das heranzoomen auf bestimmte Laute, wodurch unbedeutende und schwache Geräusche besser wahrgenommen werden, der Kontakt mit Texturen urbaner oder suburbaner Transitvektoren und Aktivitätsknoten und die Notwendigkeit, sich auch mit den soziopolitischen Implikationen von Ton- und Filmaufnahmen im öffentlichen Raum auseinanderzusetzen. Der Akt des Hörens schreibt einer Örtlichkeit persönliche Erinnerungen ein, eine Schicht der eigenen persönlichen Geschichte, wodurch eine persönliche Beziehung zum gewählten Ort etabliert wird.

Mehr als alles andere vermittelt unsere gemeinsame Arbeit in Mülheim folgenden Zugang zur Welt: an einem Ort längere Zeit zu verweilen, die Umgebung und das an diesem Ort ablaufende Geschehen auf sich wirken zu lassen, und zwar sehend und hörend. Dazu braucht man keine Surroundmikrofone, Videokameras oder Kinosäle für Vorführungen. Jeder kann nach Belieben jederzeit und überall selbst Klangkunstwerke schaffen, indem er sich einige Stunden lang an einem Ort aufhält und sich in der Welt verliert. Dafür sind Vorstädte besonders gut geeignet.

ANMERKUNGEN

1 Vgl. Cage, John: *Silence*. Middleton, CT 1961
2 Chion, Michel: *Guide des Objets Sonores. Pierre Schaeffer et la recherche musicale*. Paris 1995; englische Übersetzung von John Dack und Christine North: *Guide to Sound Objects. Pierre Schaeffer and Musical Research*, Monoskop, http://monoskop.org/images/0/01/Chion_Michel_Guide_To_Sound_Objects_Pierre_Schaeffer_and_Musical_Research.pdf. 05.02.2015
3 Russolo, Luigi: *L'arte dei rumori*, 1913; dt. Ausgabe: *Die Kunst der Geräusche*. Mainz 2000
4 Krause, Bernie: *The Great Animal Orchestra: Finding the Origins of Music in the World's Wild Places*. London 2013; dt. Ausgabe: *Das große Orchester der Tiere. Vom Ursprung der Musik in der Natur*. München 2013
5 Augé, Marc: *Non-places. Introduction to an Anthropology of Supermodernity*. London 1995, S. 52, S. 77–78, S. 103; dt. Ausgabe: *Orte und Nicht-Orte. Vorüberlegungen zu einer Ethnologie der Einsamkeit*. Aus dem Französischen von Michael Bischoff. Frankfurt a. M. 1994

Weiteres Audio-, Bild- und Videomaterial findet sich auf der Website zu dieser Publikation: http://blog.zhdk.ch/labormuelheim/

KLANGKUNST ALS ÖFFENTLICHE KUNST*

Salomé Voegelin

PRÄLUDIUM: EIN KLANGLICHES STÜCK WELT

In unserer Lebenswelt sind wir unvermeidlich und unaufhörlich von Geräuschen, Klängen, Tönen, Lauten umgeben. Hier sind sie und hier sind wir, in einer virtuellen Umarmung vereint. Wir befinden uns in ihrer Mitte, nicht unbedingt in ihrem Mittelpunkt, aber sind dennoch in ihre ephemere Materialität eingebettet, in der wir die flüchtige Wesenhaftigkeit der akustischen Welt hörend wahrnehmen und uns selbst als transitorische Wesen begreifen. Unser akustisches Umfeld ist die Welt des Klangs, die immerfort einen immateriellen Kosmos aus flüchtigen, formlosen „Materialien" erzeugt. Obwohl unsichtbar, veränderlich und unfähig, die Solidität des Sichtbaren herzustellen, unterstützt diese Welt trotz ihrer Formlosigkeit den Eindruck visueller Dauer.

Das Hören weist uns fortlaufend auf diese Vergänglichkeit und die eigene flüchtige Subjekthaftigkeit hin und erinnert uns daran, dass die Welt nicht nur als Ziel unseres Handelns vor uns liegt, sondern uns von allen Seiten umgibt und die Ergebnisse und Auswirkungen unseres Handelns zurück „schallt". In diesem Sinne ermöglicht uns das Hören einen anderen Bezug zu Zeit und Raum, Objekten und Subjekten und der Art und Weise, wie wir unter und mit ihnen leben. Diese ganz andere, akustische Wahrnehmung der Welt und unserer selbst in der Welt macht die Klangkunst als öffentliche Kunst so bedeutsam, nicht nur in Bezug auf ästhetische Konventionen und künstlerische Positionen, sondern auch im Hinblick auf unsere Weltkenntnis und Lebensweise, unseren Umgang mit der Erde und darauf, wie wir die politischen, sozialen und kulturellen Normen, die uns das Sichtbare präsentiert, unterlaufen, herausfordern und kritisieren. Die unsichtbaren Schwingungen des Klangs, seine ständige Präsenz und formlose Morphologie erschließen uns eine andere „Perspektive" und regen uns dazu an, visuelle Gegebenheiten zu erkunden, zu verändern und zu befragen. Damit meine ich eher eine kulturelle Visualität statt eines physiologischen Mechanismus – nicht *wie* wir sehen, sondern *was* wir sehen. Das Hören begegnet dem kulturellen Gespür einer visuellen Aktualität mit unsichtbaren Möglichkeiten und zeigt uns, dass alles auch ganz anders sein kann. Klänge kreieren ein anderes Stück Welt und bieten uns alternative Interpretationen: Sie stellen normative Auffassungen von Realität, Aktualität, Wahrheit und Wissen auf den Kopf und erschließen uns vielfältigere Vorstellungen und Imaginationen der Welt. Dieser Fokus auf dem klanglichen Stück Welt muss keine essentialistische Position abseits der visuellen Aktualität oder gar im Gegensatz zu dieser sein. Das Ziel besteht nicht darin, das Hören und das Akustische gegen eine visuelle Realität zu verstehen, zu beurteilen, zu kategorisieren oder zu behaupten, sondern darin, das vielfältige Potenzial der audio-visuellen Welt zu „erhellen". Klänge erhellen unsere komplexe Wirklichkeit sozusagen von unterhalb der Oberfläche des Sichtbaren und verdeutlichen, dass auch das Sichtbare nur ein Teilstück der Welt ist, das wir mitunter versehentlich, aus Ignoranz oder ideologischen Gründen für die ganze Welt halten. Klangkunst als öffentliche Kunst wird Teil des Alltags, spielt mit unseren Gewohnheiten und durchbricht vorgefasste Meinungen, um die Singularität der Wirklichkeit infrage zu stellen und unserer Wahrnehmungsfähigkeit ein Lebensumfeld zu bieten, das alles umfasst, was es ist oder sein könnte, und sich als Ort vielfältiger Möglichkeiten darstellt.

EINFÜHRUNG – AUF NACH MÜLHEIM!

Ich bin eine Beobachterin und kam nach Mülheim, um die Stadt vor der Ankunft der Künstler akustisch sowie visuell zu erfahren und sie während der „Eingriffe", und durch diese, erneut zu hören, zu sehen, zu eruieren und darauf zu antworten. Der Schlüssel zur Beobachtung ist die Frage, was eine öffentlich dargebotene Kunst eigentlich tut. Wie erinnert sie das, was früher im jeweiligen öffentlichen Raum geschah – seine historische Vergangenheit? Wie reagiert sie auf seine aktuelle Wirklichkeit und Identität? Und wie beteiligt sie sich an der Gestaltung dessen, was künftig dort sein mag – an seiner imaginierten Zukunft? In dieser Hinsicht hat es jede öffentliche Kunst nicht nur mit öffentlichem Raum zu tun, sondern auch mit öffentlicher Zeit und öffentlichem Verständnis von Chronologie, Notwendigkeit und Kausalität. Sie hat es mit der soziopolitischen Raum-Zeit ihres Standortes zu tun, das heißt mit der Zeit und dem Raum, in der/in dem Öffentlichkeit stattfindet und reziprok, zwischen Mensch, Raum und Zeit, generiert wird.

Die feste Architektur und die Stadtplanung kennt keine solchen generativen zeitlichen Räume oder räumlichen Zeiten. Es gibt sie nur dann, wenn sie genutzt, missbraucht, gepflegt oder vernachlässigt werden.

In den zwischen Vergangenheit und Zukunft entstandenen öffentlichen „ZeitRäumen" spielen Klänge eine besondere Rolle. Ihre unsichtbaren Schwingungen betonen eine fortlaufende Gegenwart, welche die Vergangenheit nicht als geschichtliche Notwendigkeit realisiert, sondern über aktuelle Ereignisse in die Zukunft führt. Klangmarken[1] und akustische Signifikanten mögen Bezüge auf eine weiter zurückliegende Vergangenheit offenbaren, nostalgisch stimmen und sich für kausale Deutungen anbieten. Dass wir den Geräuschen der Stadt Mülheim gezielt lauschten, nicht um deren Schallquellen oder visuelle Ursprünge aufzudecken, sondern um deren tatsächliche aktuelle Qualitäten zu identifizieren, vermittelte uns jedoch Kontinuität im Hier und Jetzt und veranlasste uns, ein Science-Fiction-Szenario für die Stadt zu imaginieren, einen „Ausblick" auf ihre mögliche künftige Transformation, ausgehend von ihrem derzeitigen Klangfeld.

Geräusche spielen auch bei der Herstellung und für die Interaktivität dieses öffentlichen Terrains eine ganz spezielle Rolle. Ihre flüchtige und vergehende Natur und ihre unsichtbaren Schwingungen machen deutlich, dass Öffentlichkeit sich nicht in Straßen, Häusern, Läden, Hinterhöfen, Schulen, Straßenbahnen und Bussen manifestiert, sondern in der Art und Weise, wie die Menschen in diesen und durch diese Baulichkeiten, Institutionen und Infrastrukturen miteinander umgehen.

Die Stadt Mülheim als Klang- und Geräuschkulisse zu erkunden, bedeutete nicht, ihre Gebäude, Straßen, Läden und sichtbaren Infrastrukturen zu analysieren, sondern hörend und selbst Töne erzeugend auf das Schallfeld der Stadt einzugehen. Es stellte einen partizipatorischen Prozess dar, der insofern in den Dunstkreis der Auffassung von Kunst im öffentlichen Raum als Aktivismus und Engagement statt als Denkmal und ästhetische Manifestation gehörte. So grob diese Unterscheidung auch sein mag, sie half mir, mich auf meine Rolle bei dem Projekt einzustimmen und zu klären, welche Ergebnisse ich erwarten konnte und welche Ansprüche die Arbeit an mich stellen würde. Außerdem half sie zu klären, welchen Beitrag das Projekt wohl über die Klangkunst hinaus auf soziopolitischer Ebene leisten könne, ob es Identität stiften und einen kritischen Diskurs und weitere Forschungen anstoßen würde.

Auf der Basis des bisher Erläuterten möchte ich im Folgenden die von Jan Schacher angeregten und begleiteten Arbeiten von Cathy van Eck, Kirsten Reese und Trond Lossius im Rahmen des praxisorientierten Forschungsprojekts *sonozones* reflektieren. Dies ermöglicht es mir, den Begriff „Klangkunst im öffentlichen Raum" zu schöpfen und zu evaluieren, ebenso wie die Arbeiten zu kontextualisieren und zu hinterfragen, und zwar in Bezug auf Mülheim als Stadt, als real existierendes Stadtkonzept, als gesellschaftliche Domäne und Infrastruktur mit ökonomischer und politischer Geschichte, gegenwärtiger Nutzung und einer ästhetischen Fassade, die in eine unaufhaltsame Zukunft führen wird.

Die drei Teilprojekte und das *sonozones*-Gesamtprojekt werfen künstlerische, kunstwissenschaftliche, soziopolitische und ethische Fragen auf. Was tun Künstler in einer Stadt, in der sie nicht leben? Wie können sie sich auf die ökonomische, gesellschaftliche und politische Situation einer Stadt einlassen und auf sie einwirken, die ihnen fremd ist? Werden hier die Künstler zu Ethnografen, Missionaren oder Dolmetschern, die die Menschen dazu anstiften, ihre Stadt auf neue Art zu betrachten? Oder ist das Publikum im Grunde ganz woanders; die Stadt nur reine Hintergrundkulisse und willkürlich aufgestellte Bühne für Kunstdarbietungen, deren Kontext andernorts zu finden ist?

Im „Präludium" dieses Beitrags beschreibe ich Geräusche in unserem Lebensumfeld als klangliches Stück Welt, als unsichtbares Angebot, das die Einzigartigkeit und Wahrheit des Gesehenen kritisch hinterfragt. Ich werbe für das Hören als Mittel, mit dem sich dieses Stück Welt erschließen lässt, damit wir erkennen, dass die Vorstellung von Wirklichkeit als singuläre Aktualität ein kulturelles, politisches und ästhetisches Konstrukt ist. Es beruht auf dem Primat des Bildes, auf dem, was wir sehen, und damit auf allem, was dieser Art der Wahrnehmung Ordnung und Bedeutung verleiht – in der Sprache (das Nomen), der Architektur (die Gebäude) und in Gedanken (das Objekt). Die Unsichtbarkeit und partizipatorische Natur des Klangs stellt das Primat des Bildes infrage und pluralisiert mit ihren Schwingungen die Wirklichkeit. Die praxisorientierte methodische Untersuchung von Geräuschen und Klängen und deren natürlichen oder technischen Quellen durchbricht die Grenzen zwischen dem Sichtbaren und Unsichtbaren, zwischen dem, was tatsächlich und dem, was möglich erscheint. Es wird keine andere Welt erkundet, sondern die Vielschichtigkeit der vorhandenen Welt offenbart.

Meine Teilnahme am *sonozones*-Projekt bestand in der Analyse der drei Teilprojekte im Hinblick auf die dadurch aufgezeigten Chancen für Klangkunst in der Stadt Mülheim. Die sich aufzeigenden Möglichkeiten und die Art, wie diese entdeckt wurden, werden hier nun in Bezug gesetzt zur Kunst in Praxis und Diskurs, zu künstlerischen Zielsetzungen und Bewertungen. Ich formuliere Überlegungen, wie künstlerische Phänomene praktisch untersucht werden können, welche Ergebnisse möglich sind, wie sich diese vermitteln lassen und zur Generierung von Wissen nutzbar gemacht werden können. Außerdem beschäftige ich mich anhand der drei Teilprojekte mit Klangkunst im öffentlichen Raum als Eingriff in die täglichen Rhythmen, Wirklichkeiten und Wahrheiten der Stadt Mülheim als Wohn- und Lebensraum ihrer Bürger.

KLANG ALS KUNSTWERK, INTERVENTION UND FORSCHUNGSPROJEKT

Cathy van Ecks Arbeit beflügelte meine Fantasie eher auf der visuellen als auf der akustischen Ebene. Sie lief mit großen Trichtern aus Plastik, Pappe oder Aluminium an beiden Ohren durch Mülheim. Diese Trichter verstärkten das Hören nicht als Prozess des Hörens, sondern als „Schau" an einem „Schauplatz", sodass die Aufmerksamkeit auf den Ort und die Haltung des Hörens fokussiert wurde, statt auf das, was gehört wurde. So wird die aktiv Hinhörende, mit ihren von umgekehrten Megafonen „verlängerten Ohren", zum Subjekt und zugleich Objekt des Projekts. Sie fungierte aber auch als Spektakel, das in Mülheim Blicke auf sich zog, Fragen hervorbrachte und Konversationen ermöglichte, das jedoch in Form von Dokumentationen und Fotos auch gut in den konventionellen künstlerischen Diskurs und die künstlerische Praxis mit den damit verbundenen Erwartungen passt, was ganz andere Reaktionen hervorruft.

Das Spektakel vor Ort provozierte neugierige Fragen: „Was tut sie da? Was hört sie da, und was könnte ich hören? Darf ich das auch mal ausprobieren?" Die Objekte führten also zu einer Begegnung und Interaktion mit den Mülheimern, die dazu eingeladen waren, sich die Ohrerweiterungen der Künstlerin auszuleihen, um die Geräusche ihrer Stadt ganz neu wahrzunehmen.

Die statische Aufnahme der Aktion, als Dokument und Fotoreihe, regt dazu an, Bezüge zu Beispielen aus der Kunstgeschichte herzustellen, die das Bild festhalten, den Klang aber unhörbar lassen. Selbst wenn die Fotos mit den vor Ort aufgenommenen Geräuschen gezeigt werden, wären die Bilder zu mächtig, die Klänge zu schwach, um die originale Performance wieder zu beleben und die spezifischen lokalen Qualitäten zu vermitteln.

Der Stellenwert des Bildes in der Kunst und im künstlerischen Diskurs bleibt nicht stumm, sondern erzeugt einen eher konzeptuellen als materiellen Klang, der einen Zugang zum Akustischen als Chance für die Kunst – nicht aber für Mülheim – eröffnet. Das erinnert an andere Klangkunstwerke wie etwa Luigi Russolos futuristische *intonarumori*, Geräuscherzeuger, die er zu Beginn des 20. Jahrhunderts zu einer Art Orchester zusammenbaute, um das Potenzial der Industrialisierung zu feiern, oder an das surrealistische Ballettstück *Parade* (1917) von Jean Cocteau, Pablo Picasso und Erik Satie, dessen kubistische Kostüme und Kulissen mit Megafonen, Gebäuden und Maschinen eine neue Beziehung zwischen Technik und menschlichem Körper ankündigen. Sowohl Russolos Geräuscherzeuger als auch das Ballett *Parade* sind als Kommentare zu den technischen Entwicklungen ihrer Zeit zu lesen und bereicherten das Kunstspektrum mit einer neuen ästhetischen Imagination, Materie und Thematik.

Auch van Ecks „Ohren" bewegen sich in diesem Kontext einer techno-ästhetischen Imagination. Im öffentlichen Raum von Mülheim war ihre Vorführung analoger

Ohren ein Aktivismus und eine Intervention, die in die lokale Vorstellungskraft eingriff und sich mit der Anwesenheit und den Hörgewohnheiten der Bewohner Mülheims befasste. Als Dokumentation und künstlerische Darbietung richtet sie sich jedoch simultan an ein künstlerisch bewandertes Publikum, das die Aktion im Kontext von Kunst und Geschichte rezipiert – wobei dieser doppelte Kontext die Performance in ihrer Lebensnähe eher bereicherte als schmälerte und vielleicht den Weg zu einer surrealistischen Veranstaltung durch die Mülheimer selbst bahnt.

Anhand der kubistischen und futuristischen Anklänge an frühere und heutige Technik kann man Vermutungen über van Ecks Weiterentwicklungen ihrer analogen Ohren anstellen. Ihre mechanischen Hörtrichter stellen eine Reflexion über das Maschinenzeitalter dar, erfordern physische Präsenz, Aufnahme und Aufführung in Echtzeit und lassen keine Wiederholung des einmal Gehörten zu. Ihre folgenden Arbeiten mit „Mikrofon-Ohren" dagegen beziehen sich auf ein elektronisches Hören, das die Speicherung und unendliche Wiedergabe ermöglicht, so die Kontinuität des Klangs unterbricht und eine andere Art von Präsenz erzeugt. Und ihre mithilfe von Apps virtuell erweiterten Ohren, die aufgenommene Klänge modulieren, stellen die Verbindung zur Computertechnik her und reflektieren die Beziehung zwischen Aufnahme und Wirklichkeit in der digitalen Welt.

Die elektrischen Ohren sind immer noch sichtbar: Zwei „Hörgeräte" sind zur Verstärkung der Umgebungsgeräusche auf einer sorgfältig ausbalancierten Metallkonstruktion etwa 30 Zentimeter von den Ohren entfernt befestigt. Dieses Bild erscheint weit weniger theatralisch als technisch-wissenschaftlich und rief in Mülheim weniger Reaktionen der Passanten hervor – es gab zwar verwunderte Blicke, aber keine Fragen. Van Ecks virtuelle Erweiterung der Ohren ist optisch allerdings noch weniger bemerkenswert: Wenn sie mit ihren Kopfhörern und einem Smartphone durch die Straßen läuft, unterscheidet sie sich kaum von allen anderen iPod-Nutzern ringsum und suggeriert, dass ein Cyborg möglicherweise nicht das in Science-Fiction-Filmen und Büchern vorhergesagte Spektakel ist, sondern viel eher eine unsichtbare Verwandlung und Fusion des Körpers mit der Maschine.

Während die mechanisch, das heißt handwerklich-maschinell gefertigten Lautverstärker die öffentliche Sphäre durch den öffentlichen künstlerischen Akt performativ herstellen und mit dem anwesenden Publikum kommunizieren, finden die Menschen weniger Zugang zu den elektrisch und digital verlängerten Ohren, die daher eher als Forschungsprojekt denn als Kunst verstanden werden können. Dabei trat Mülheim als eigene, besondere Stadt in den Hintergrund und fungierte statt als Standort einer Klangarbeit als Rahmen des Versuchsaufbaus. Dadurch werden die verschiedenen Klangräume zugänglich, die eine Stadt ausmachen – und zwar mithilfe mechanischer, elektrischer und digitaler Technik – und es wird erkennbar, wie deren Wirklichkeiten und Potenziale unsere Körper- und Geisteshaltung, unseren Wohnort und unsere Identifizierung mit ihm prägen; wie wir uns zum Stadtraum und zueinander verhalten; ob und wie wir an seiner Gestaltung aktiv beteiligt oder nur Zuschauer sind. In diesem Sinne trägt van Ecks Aktion zur Wissensproduktion bei, nicht eigentlich über Mülheim, sondern über uns selbst an jedem beliebigen Ort.

Auch Kirsten Reeses Arbeit bietet sich für vielfältige Bewertungen und Interpretationen an, die Unsichtbarkeit ihrer Ergebnisse entzieht sich aber der effektvolleren Anziehungskraft von Bildern. Erst ihre Projekterläuterungen offenbaren die generell gültigen künstlerischen und ästhetischen Inhalte, ohne die das *sonozones*-Projekt in Mülheim nur ein ortsspezifisches Werk geblieben wäre, das unauflöslich nur an diese Stadt und an seine Entstehungszeit gebunden wäre.

An verschiedenen Orten in Mülheim platzierte Reese Lautsprecher und verstärkte, übertönte und vervielfältigte die jeweiligen Klangfelder. Einige Lautsprecher waren gut sichtbar, andere versteckt oder unauffällig platziert. Einerseits griff Reese damit Anregungen aus *The World Soundscape Project*[2] auf, um Menschen die Ohren für unsere von Geräuschen und Klängen erfüllte Umwelt zu öffnen und sie „klangkundig" zu machen, aber auch um bewusstes Sehen zu fördern. Andererseits deckte sie einen Riss zwischen dem Sichtbaren und Gehörten auf, hinterfragte deren Verbindung und unsere vorgefassten Meinungen über das, was wir sehen.

Viele Stadtplaner konzentrieren sich auf die Gestaltung von städtischen Zwischenräumen und auf deren Nutzung. Oft vergessen sie dabei deren Funktion als Klangräume und die Tatsache, dass Gebäude Resonanzkörper sein oder aber Klänge ersticken können und auf die eine oder andere Weise das Selbstgefühl der Menschen prägen. Der „Zwischenraum" der Stadtplanung bleibt ein visueller, vermittelt somit kein Erlebnis von simultanem Zusammenspiel, sondern nur von einer Aneinanderreihung separater Momente. Klang dagegen *ist* der Zwischenraum an sich: Es ist nicht der Klang meiner Stimme, der auf ein Gebäude trifft und beide verändert, sondern der Klang meiner Stimme, die zusammen mit dem Gebäude in seiner Eigenschaft als Resonanzkörper das Dazwischen erzeugt.

Ein visuelles Gebäude ist immer von meiner Person getrennt. Ich nutze es zwar, vielleicht auch für einen anderen als den geplanten Zweck, es bleibt jedoch körperlich auf Distanz und im Moment der Betrachtung unveränderlich, was seine Materialien und Konstruktion angeht. Ich kann Graffitis auf seine Oberflächen sprühen, es zumüllen, beschädigen oder ignorieren, als Betrachter seine Form und Lage aber nicht verändern. Das resonierende Gebäude dagegen nimmt mich in sich auf, entsteht mit mir und durch mich. Meine Stimme erschafft den Raum, während ich dort bin, höre und rufe. Die akustische Raum-Zeit ist reziprok und phänomenologisch: Ich höre die sensorisch-physisch bewegte Aktion meines Hörens im resonierenden Raum.

Reeses Arbeiten haben etwas von dem leichten Charakter der Graffitis. Sie setzen kleine Markierungen, welche die Stadt nicht völlig umbauen, unsere Wahrnehmung der Stadt aber auf subtile Weise verändern. Allerdings bedeuten die Erfordernisse der Akustik, die Wechselwirkung von hinzugefügten Klängen einerseits und Umgebungsgeräuschen andererseits, dass Reeses Klangkunst nicht nur sichtbare Zeichen auf eine Oberfläche setzt, sondern mit auditiven Mitteln unsichtbare Chancen für vielfältige Erfahrungen schafft. Die Veränderung ist subtil und subliminal, genügt aber, um uns bewusst zu machen, dass sich etwas verändert hat und lässt uns erkennen, wie „festgefahren" die eigene Wahrnehmung ist.

Reeses Arbeit interagierte mit der Infrastruktur und Nutzung des jeweiligen Stadtraums, bezog aber auch die Einwohner als Nutzer mit ein, deren Gewohnheiten und Bedürfnisse ihre Wahrnehmung und Wertschätzung des jeweiligen Ortes prägen. Die von der Künstlerin vorgenommenen geringfügigen Klangvariationen wirkten störend auf gewohnte Wahrnehmungen des Ortes, erregten Neugier, aber auch Verunsicherung und vielleicht auch Unmut.

Die akustische Beschallung in Aufzügen, Läden und auf öffentlichen Plätzen setzt das Gewohnte außer Kraft und erregt Zweifel am Gesehenen. Einige aufmerksamere Beobachter entdeckten möglicherweise Reeses Lautsprecher; aber während Kinder, deren Wahrnehmungskraft generell noch nicht von den eine Stadtlandschaft prägenden Gewohnheiten, Zeitzwängen und Bestrebungen der Erwachsenen deformiert worden ist, spielerisch auf die Installation und deren Geräusche reagierten, gingen viele Erwachsene achtlos daran vorbei.

Reeses Werk braucht Zeit, um sich als Angebot und Chance in einer Stadt zu etablieren. Wenn die lokale Zeit fehlt, muss ihre Klangkunst als Ereignisgeschichte weiterleben, welche die Imagination in Bezug auf das eigene Lebensumfeld anregt und sich im Dialog mit ortsgebundenen Arbeiten anderer Klangkünstler entfaltet, etwa mit Bill Fontanas *Pigeon Soundings*, Max Neuhaus' *Times Square* oder Christina Kubischs *Electrical Walks*. Diese Bezüge verdichten Reeses Klanginstallation zwar nicht, vervielfältigen aber deren Möglichkeiten, uns die eigene Stadt neu zu Gehör zu bringen.

Während van Ecks Arbeit in Mülheim einen performativen Aufführungsraum schuf und klangkünstlerische Praxis etablierte, mischte Reese dort den üblichen Gang der Dinge auf, um die Hör- und Sehgewohnheiten der Einwohner zeitweilig außer Kraft zu setzen. Trond Lossius befasste sich parallel dazu mit dem Zwischenraum von Erscheinungsbild und Schallfeldcharakter und verzerrte beide durch längere Aufnahmezeiten. Mit seinen Aufnahmen erzeugte er „konkrete Klänge" und praktizierte „reduziertes Hören" – beides Konzepte, die Pierre Schaeffer in seiner *musique concrète* einsetzte, um den Klang von dessen sichtbarer Quelle abzukoppeln und so den reinen Klang zu erleben. Was Schaeffer durch das Cutten von Tonbändern erreichte, versuchte Lossius in seiner Klangkunst mit spezieller Technik in sehr langen Aufnahmephasen zu realisieren.

Mithilfe eines Mikrofons registrierte er die Geräusche der Stadt Mülheim und ihrer Umgebung, um so eine unsichtbare Karte der verschiedenen Schauplätze und Aktionen zu erstellen. Vor Ort bildete sein Werk keine Aufführung, aber er interagierte mit verschiedenen Örtlichkeiten und Bewohnern, indem er die Aufmerksamkeit auf die Aufnahmegeräte lenkte und an jedem Ort längere Zeit verblieb. Damit praktizierte er so etwas wie eine „mikrofonische Meditation" über eine Stadtlandschaft, die zwischen dem real Greifbaren und der von technischen Geräten und der Zeit ermöglichten Wahrnehmung vermittelt. Lossius' längere Anwesenheit und Aufnahmetätigkeit mit seinem pelzigen Mikrofon erregte Aufmerksamkeit, veranlasste Passanten zu neugierigen Fragen und führte zu Gesprächen – genau wie van Ecks *extended ears*.

Lossius' Arbeit lässt sich schwer in ein anderes Umfeld übertragen und die Schwierigkeit liegt darin, herauszufinden, was sie über Mülheim, das Hören, den Aufnahmeprozess und Technologie aussagt. Für mich besteht die Besonderheit seines Projekts in der Länge der Aufnahmezeiten und seiner eigenen Anwesenheit vor Ort, und nicht in den abspielbaren Aufnahmen. Der Akt des Hörens selbst und nicht das, was ich aus seinen Aufnahmen heraushören könnte, stellt eine interessante Reflexion über die Ursprünge und die Tradition von Feldaufnahmen dar. Die Naturalisten Ludwig Koch und Albert Brand betätigten sich zu Beginn des 20. Jahrhunderts als „Fänger akustischer Schmetterlinge", indem sie in der freien Natur Geräusche und Laute registrierten, um diese zu benennen, zu kategorisieren und in Sammlungen und Archiven zu bewahren.

Lossius' Klänge sind dagegen flüchtiger. Statt zu taxonomischen Klassifizierungen anzuregen, fördern sie das Hören – nicht unbedingt das Hören seiner Aufnahmen, sondern vielmehr das Hören auf die Töne unserer Welt. Als *Recordist* oder *Phonographer* scheint er sich seiner eigenen Präsenz, die den Aufnahmeort mit formt, sehr bewusst zu sein. Das steht in deutlichem Gegensatz zur Auffassung der frühen „Tonjäger", die selbstverständlich davon ausgingen, dass nur die technischen Aufnahmegeräte an der Erstellung der akustischen Dokumente beteiligt waren, nicht aber sie selbst. Lossius repräsentiert zwar nicht den Aufnahmeort, bewohnt ihn aber mit einem Mikrofon. Seine Aufnahmen haben ebenso viel mit ihm selbst und seinen Interessen zu tun wie mit dem Ort. Er produziert eine Art Psychogeografie, indem er seiner eigenen Beziehung zu Raum und Zeit nachspürt und sich für Geräusche als akustische Fiktion – und nicht als Tatsachenbericht – interessiert. Seine Arbeiten laden uns dazu ein, unser eigenes Klangumfeld hörend wahrzunehmen, eigene mikrofonische Meditationen zu praktizieren und zu überdenken, wie sich diese in das optische Schema von Geografie und Film einfügen, deren visuellen Fokus sie infrage stellen.

Alle drei Projekte konstruieren und rekonstruieren Alltäglichkeiten, Klangkunst und Technik und propagieren unterschiedliche Formen der Aneignung von Wissen auf dem Gebiet ästhetischer Fragen, technischer Phänomene sowie über Mülheim als Stadt und als konzeptuelle Öffentlichkeit. Lossius erreicht dies, indem er über viele

Stunden ohne Pausen an einem Ort verharrt und die Umgebungsgeräusche aufnimmt. Somit stellt seine Arbeit andere Ansprüche an unsere Zeit, sodass wir als Zuhörer/Betrachter die Dauer des registrierten akustischen Geschehens mit der Dauer der bewegten Bilder vergleichen können. Das erzeugt Friktionen, die das Werk „aufbrechen" und neue Techniken und Wahrnehmungen ermöglichen, um deren Ausrichtung zu offenbaren und uns zu fragen, was wir damit anfangen könnten.

FAZIT: WAS HÖRE ICH HIER UND JETZT?

Klang wirkt nie im Nachhinein, sondern immer nur im Hier und Jetzt. Das erschwert es mir, den Eindruck, den die Mülheimer Klangexperimente vor Ort auf mich machten, von der Wirkung abzukoppeln, den ihre Dokumentation heute an dem Ort ausübt, an dem ich mich gerade befinde. Die am längsten anhaltende Wirkung der drei Werke besteht also nicht in den damaligen Erlebnissen, sondern darin, wie sie mich zur hörenden Erkundung und Gestaltung meines aktuellen Umfelds veranlassen. Die in Mülheim erprobten Klangkonzepte und Tonmaterialien rekonstruieren heute in Form einer erhöhten auditiven Sensibilität mein derzeitiges Habitat, zwingen mich, bekanntes Wissen aufzugeben und nicht nur dessen Inhalt neu zu erfassen, sondern auch zu untersuchen, wie meine jetzigen Gewohnheiten und Wertschätzungen (*Habitform*) überhaupt entstanden sind. Die Dominanz des Visuellen in Sprache, Architektur und kulturell geprägtem Denken hat mich dazu gebracht, den aktuellen Zustand meiner Lebenswelt als einzig mögliches Umfeld zu verstehen, statt ihn als virtuelles Tor zu all dem zu begreifen, was möglich wäre. Jan Schacher, Cathy van Eck, Kirsten Reese und Trond Lossius haben mit ihren Arbeiten in Mülheim „eingreifende" Methoden angewandt. Anhand darstellerischer, installativer und technischer Strategien stellten sie bekannte Aspekte, festgefügte Wahrnehmungsmuster und Bedeutungen zur Disposition und rekonstruierten damit den öffentlichen Raum und Klangcharakter der Stadt. Zudem verfolgten alle drei ästhetisch-künstlerische Ziele, die im Kontext von Kunst als Diskurs und Praxis, im Zusammenhang von Feldstudien, *musique concrète* und der Philosophie, die ihnen zugrunde liegt, auch andere Orte und andere Zuhörer und Zuschauer finden. Sie schufen nicht nur Kunstwerke, sondern nutzten diese auch als Deckmantel, um zu forschen, Ideen zu entwickeln, Sinnhaftigkeit aufzuspüren und zu registrieren, wie wir Menschen uns in der Öffentlichkeit verhalten, wie wir Raum und Zeit nutzen oder schaffen, und wie wir zur Artikulation all dessen beitragen. Die drei Arbeiten stellen eine zusätzliche Wahrnehmungsschicht her und erweitern sichtbare Räume mit einem akustischen Rhythmus. Sie öffnen aber auch einen Raum zwischen Klang, Ort, Zeit und Bild, machen Hörbares als mögliches Zukünftiges zugänglich und erschließen uns das Unhörbare, das ja ebenfalls existiert, das wir aber aufgrund Gewohnheiten, ideologischer Überzeugungen, kultureller Vorurteile oder Unwissenheit noch nicht hören.

Die Sprunghaftigkeit und Unbeherrschbarkeit des Klangs vermittelt eine andere Art von Wissen – ein ästhetisches, technisches oder wissenschaftliches –, das vielleicht in kein aktuelles Quantifizierungsschema passt, dem Denken aber eine sinnliche Qualität verleiht, die das Primat der Reflexion infrage stellt und ein ausgewogeneres Verhältnis zwischen Wahrnehmung und Denken erzeugt.

Schachers, Van Ecks, Reeses und Lossius' Klangkunstwerke vermitteln nicht nur eine andere Art von Wissen, sondern hinterfragen generell auch den Prozess der Wissensproduktion und wie dieser quantifiziert, verwertet und bewertet wird. Wir Zuhörer werden dabei nicht zu Lesern von Metageschichten über unwiderlegbare wissenschaftliche Fakten und eindeutige Daten, sondern zu Urhebern kleiner Erzählungen, die die flüchtige und vergehende persönliche Wahrnehmung in den Vordergrund stellen. Dies erzeugt eine Pluralität an Wissen und verschiedenen „Wissensformen" und gibt Anlass zur Übung in „physischer Geistigkeit" und „gefühltem Wissen", das keinesfalls ein minderwertigeres Wissen ist. Denn es führt zur eindringlichen Infragestellung der üblichen Methodologien und humanistischen Rationalitäten, um alternativ den post-humanistischen Fokus anzubieten, der unsere eigene Zerbrechlichkeit und unsere Zweifel einbezieht. Klänge führen uns weg von einer anthropozentrischen Perspektive in ein Gebiet der Gleichwertigkeit und Selbstreflexion, wo Voreingenommenheiten beleuchtet und Normen verbannt werden.

Bei dem durch das *sonozones*-Projekt gewonnenen Wissen um das akustische Wesen der Stadt Mülheim handelt es sich daher nicht um ein quantifizierbares, aus einem gewissen Abstand heraus erworbenes Wissen, das sich in Daten fassen lässt. Im Gegenteil: Das Wissen umfasst die subjektiven Erkenntnisse, die Jan Schacher, Kirsten Reese, Cathy van Eck und Trond Lossius vor Ort gewannen, und somit auch die Erkenntnisse von uns allen, die sie in den verschiedenen Lokalitäten erlebten, welche sich auch für uns in „Hörfelder" verwandelten, die wir sensorisch, nicht mental, erkannten. Das neue Wissen bleibt anekdotisch, unterhaltsam und uneindeutig, aber es ist dennoch wert, bedacht zu werden.

In den drei Projekten liegt noch viel mehr, als ich in diesem kurzen Text beschrieben habe, und sie können auch ganz anders interpretiert werden. Es lag mir fern, die Arbeiten der Künstler abschließend zu beurteilen, ich wollte nur mein eigenes Erleben ihrer Aktionen in Mülheim durchdenken und artikulieren, um so die klanglichen Beziehungen zwischen Raum, Ort und Zeit zu reflektieren. In solch einem Projekt wird klar, dass der Rezipient der Werke – in diesem Fall ich selbst – kein unbeteiligter Beobachter bleibt, der das Werk im Sinne eines Textes liest, um wiederum einen Metatext zu verfassen, sondern im Gegenteil eine ganz andere Erzählung komponiert, eine zusätzliche Erzählung, die dem Nicht-Sinn, dem „gefühlten Wissen" entspringt, das durch das künstlerische Material und die Ortsspezifität geprägt ist: Ich wurde eingeladen, selbst den Hörtrichter ans Ohr zu halten und damit durch die Stadt zu gehen, nicht nur um zu erkunden, ob ich vielleicht anders hörte bzw. etwas Anderes hörte, sondern auch, ob ich mit meinen verlängerten Ohren anders gesehen wurde. So wurde ich zu einer Teilnehmerin, die subjektiv eine andere Stadt „hörte", über die ich in der Hoffnung schreibe, dass meine Leser sie durch den Zufall der Kommunikation auch hören.

ANMERKUNGEN

* Der Text „Klangkunst als öffentliche Kunst" ist eine Übersetzung des englischen Originals.

1 Vgl. R. Murray Schafer: *The Tuning of the World*. New York 1977, S. 9f., hier als „soundmarks" bezeichnet. Laut diesem Glossar akustischer Fachbegriffe sind Klangmarken Klangfolgen mit Eigenschaften, die sie besonders auffällig und eingängig machen.

2 *The World Soundscape Project*, das R. Murray Schafer in den 1960ern an der Simon Fraser University, Vancouver, Kanada, durchführte, befasste sich mit der Forschung und Lehre auf dem Gebiet von Geräuschen und Klängen in der Umwelt.

WEITERFÜHRENDE LITERATUR

Merleau-Ponty, Maurice: *Le Primat de la perception et ses conséquences philosophiques*. Lagrasse 1996; dt. Ausgabe: *Das Primat der Wahrnehmung*. Hrsg. von Lambert Wiesing, übersetzt von Jürgen Schröder, Frankfurt am Main 2003

Merleau-Ponty, Maurice: *Le Visible et l'Invisible, suivi de notes de travail*. Hrsg. von Claude Lefort. Paris 1964; dt. Ausgabe: *Das Sichtbare und das Unsichtbare*. Übersetzt von Regula Giuliani und Bernhard Waldenfels. München 1994

Miles, Malcolm: *Art, Space and the City: Public Art and Urban Futures*. London 1997

Schaeffer, Pierre: *Traité des objets musicaux – Essai interdisciplines*. Paris 1966/2002; engl. Ausgabe: *In Search of a Concrete Music*. University of California Press 2012

Schafer, R. Murray: *The Tuning of the World*. New York 1977; dt. Ausgabe: *Klang und Krach. Eine Kulturgeschichte des Hörens*. Frankfurt a. M. 1988

Voegelin, Salomé: *Sonic Possible Worlds, Hearing the Continuum of Sound*. New York 2014

Zebracki, Martin: *Public Artopia: Art in Public Space in Question*. Amsterdam 2012

Mülheim an der Ruhr, Winter 2013

BIOGRAFIEN

Katja Aßmann ist Architektin und Kuratorin und seit Anfang 2012 die künstlerische Leiterin von Urbane Künste Ruhr. Zuvor arbeitete sie als Programmleiterin für die Bereiche Bildende Kunst und Architektur der Kulturhauptstadt Europas RUHR.2010 und als Geschäftsführerin der Landesinitiative StadtBauKultur NRW. Nach dem Studium der Architektur und Kunstgeschichte wirkte sie maßgeblich an der Internationalen Bauausstellung Emscher Park (IBA) mit und übernahm in der Endphase die Bereichsleitung Kunst und Kultur. Neben ihren kuratorischen Tätigkeiten arbeitete sie an interdisziplinären Kunstproduktionen und Ausstellungen zu den Themen Lichtkunst, Architektur, Design und Landschaftsarchitektur.

Jochen Becker, Autor, Dozent und Ausstellungsmacher, Gründungsmitglied von metroZones –Zentrum für städtische Angelegenheiten e. V. (Berlin), Mitherausgeber von *bignes? Size does matter. Image/Politik, Städtisches Handeln* (2001), *Kabul/Teheran 1979ff* (2006) und anderer Publikationen, Co-Kurator von Ausstellungen wie „Urban Cultures of Global Prayers" (2012/2013 nGbK Berlin/Camera Austria, Graz) und „Self Made Urbanism Rome" (2013/2014 nGbK Berlin/Metropoliz Rom). Becker war künstlerischer Leiter des Global Prayers-Projekts im Berliner Haus der Kulturen der Welt (HKW), wo er unter anderem auch die Videoinstallation *Speaking in Tongues* von Aernout Mik betreute. Seit Anfang 2014 leitet Becker das Kunst- und Architekturprogramm an der Königlichen Kunsthochschule (Kungl. Konsthögskolan) in Stockholm. www.metroZones.info / www.kkh.se

Holger Bergmann, Künstlerischer Leiter Ringlokschuppen Ruhr. Kurzbiografie und Informationen unter www.holgerbergmann.de

Cathy van Eck ist Komponistin, Klangkünstlerin und Kunstwissenschaftlerin. Sie befasst sich schwerpunktmäßig mit der Beziehung zwischen Klang, technischen Geräten und Musikern, stellt ihre Klangobjekte und Videos regelmäßig auf internationalen Kunstfestivals vor und ist Dozentin für Musik und Medienkunst an der Hochschule der Künste Bern, Schweiz. Der Titel ihrer Doktorarbeit lautet: „Between Air and Electricity. Microphones and Loudspeakers as Musical Instruments" (2013).
www.cathyvaneck.net

Tobias Gerber lebt in Zürich und arbeitet als Musiker, Journalist und Kulturwissenschaftler. Studium an der Hochschule für Musik und Theater Zürich mit Hauptfach klassisches Saxophon sowie an der Hochschule für Kunst und Gestaltung Zürich im Diplomstudiengang Theorie der Kunst und Gestaltung. Tätigkeit als Saxophonist im Feld der Neuen und der improvisierten Musik. Mitglied und künstlerischer Co-Leiter des Ensembles *Werktag*. Freie journalistische Tätigkeit für *Dissonanz/Dissonance, Positionen – Texte zur aktuellen Musik* und *NZZ*. In den vergangenen Jahren Wissenschaftliche Tätigkeit am Institut für Theorie (ITH) und im Departement Kulturanalysen und Vermittlung der ZHdK. Seit 2013 Präsident der Internationalen Gesellschaft für Neue Musik Zürich (ignm) sowie künstlerischer Co-Leiter des Festivals „Zwei Tage Strom – Festival für elektronische Musik".

Ute Holfelder, Dr. phil., ist Empirische Kulturwissenschaftlerin und derzeit Wissenschaftliche Mitarbeiterin und Lehrbeauftragte am Institut für Sozialanthropologie und Empirische Kulturwissenschaft an der Universität Zürich. Ihre Forschungsschwerpunkte sind: Kulturwissenschaftliche Technik- und Medienforschung, Stadtforschung, Gender Studies sowie die Schnittstellen von künstlerischer und ethnografischer Forschung.

knowbotiq, Christian Hübler und Yvonne Wilhelm, Künstler und Professur an der Zürcher Hochschule der Künste ZHdK. Forschungsinteressen: Beziehungen von Körper-Landschaft-Arbeit unter postkolonialen, Gender- und migratorischen Aspekten, Ökologien unter techno-umweltlicher Bedingung, Assemblage und undisziplinierte Wissensproduktion (aktuelles Projekt: *soft.infinities.fish*), „performative Archivologie". Projekte und Bibliografie: krcf.org/krcf.org

Jürgen Krusche ist Kulturwissenschaftler, Künstler und Kurator. Neben freien kuratorischen und künstlerischen Projekten lehrt, forscht und publiziert er seit 2001 an der Zürcher Hochschule der Künste ZHdK zu Fragen neoliberaler Stadtpolitik und ihrer Auswirkungen auf öffentliche Räume in interkulturell vergleichender Perspektive. Zwischen 2007 und 2011 leitete er am Departement Architektur der ETH Zürich das Forschungsprojekt *Taking to the Streets*, seit 2011 ist er verantwortlich für den Forschungsschwerpunkt *Public City* am Institut für Gegenwartskunst.

Astrid Kusser ist Historikerin und lebt seit 2013 als freie Autorin in Rio de Janeiro. Sie schreibt über Stadtpolitik und Populärkultur und forscht zum Verhältnis von Tanzen und Arbeiten. 2013 erschien ihr Buch *Körper in Schieflage. Tanzen im Strudel des Black Atlantic um 1900*, eine Forschungsarbeit mit der sie 2012 an der Universität Köln promovierte.

Trond Lossius, norwegischer Klangkünstler, befasst sich mit Forschungen zum Thema Klang im Raum, wobei er die Verräumlichung von Klängen und Mehrkanalaudiosysteme zeitweilig als unsichtbare skulpturale Medien in verschiedenen Räumen installiert. Nach dem Studium der Geophysik studierte er Komposition an der Grieg-Akademie der Universität Bergen und war künstlerischer Forschungsassistent an der dortigen Akademie für Kunst und Design. 2012/2013 koordinierte Lossius als Professor das künstlerische Forschungsprojekt *Re:place* am Bergener Zentrum für elektronische Künste (BEK).
www.trondlossius.no

Jan Polívka ist Stadt- und Regionalplaner und Japanologe, wissenschaftlicher Mitarbeiter am Fachgebiet Städtebau, Stadtgestaltung und Bauleitplanung an der Fakultät Raumplanung der TU Dortmund, Mitarbeiter im Stadtplanungsbüro. Publikationen und Ausstellungen zum Ruhrgebiet, unter anderem *Schichten einer Region – Kartenstücke zur räumlichen Struktur des Ruhrgebiets* (2011) sowie „RUHRBAN / Zwischenorte" im Rahmen des New Industrial Festival (2013). Seit 2013 ist er verantwortlich für das Projekt „Raumstrategien Ruhr 2035 – Konzepte zur Entwicklung der Agglomeration Ruhr".

Kirsten Reese, Berlin, kreiert als Klangkünstlerin und Komponistin Werke für elektronische Medien und Instrumente sowie intermediale und interaktive Installationen. Eine hervorgehobene Rolle spielen raum- und wahrnehmungsbezogene sowie performative und narrative Aspekte. Einen Schwerpunkt bilden Kompositionen, temporäre Installationen und Audiowalks für Landschaften und den urbanen Außenraum. Zahlreiche Stipendien und Preise, unter anderem Villa Aurora Los Angeles 2009, Nominierung/Sonderpreis Deutscher Klangkunstpreis 2010. 2010 Katalog *Medien Klang Konstellationen*, seit 2005 Dozentin/Professorin für Komposition und elektronische Klanggestaltung an der Universität der Künste Berlin.
www.kirstenreese.de

Klaus Ronneberger, Studium der Kulturanthropologie, der Soziologie und Politikwissenschaften. In den 1990er Jahren Mitarbeiter am Institut für Sozialforschung (Frankfurt am Main). Lebt und arbeitet heute als freier Publizist in Frankfurt. Seine Publikationen umfassen: *Die Stadt als Beute* (zusammen mit Stephan Lanz und Walther Jahn). Bonn 1999; *Metropolregion Rhein-Main* (zusammen mit Lukas Wagner und Kai Vöckler). Offenbach 2012; „Die Revolution der Städte wieder lesen", Vorwort, in: *Henri Lefebvre: Die Revolution der Städte.* Hamburg 2014.

Jan Schacher, Performer, Komponist und Medienkünstler. Sein Schwerpunkt liegt auf der Verbindung von Klängen und Bildern, Performance und Medien in explorativen Settings. Arbeiten auf Bühnen und in Installationen weltweit in Medienfestivals und Galerien. Er ist Wissenschaftlicher Mitarbeiter am Institute for Computer Music and Sound Technology der Zürcher Hochschule der Künste ZHdK.
www.jasch.ch

Christoph Schenker, Professor für Philosophie der Kunst und Kunst der Gegenwart an der Zürcher Hochschule der Künste ZHdK. Leiter des 2005 gegründeten Institute for Contemporary Art Research IFCAR. Seine Forschungsschwerpunkte sind Künstlerische Forschung sowie Kunst und Öffentlichkeit. Internationale Kooperationen mit Künstlern, Kunstinstitutionen, Hochschulen, Stadtverwaltungen und NGOs.

Klaus Schönberger, Prof. Dr. habil., ist Empirischer Kulturwissenschaftler/Kulturanthropologe; von 2009 bis 2015 Dozentur für Kultur- und Gesellschaftstheorie an der ZHdK; seit 1. Januar 2015 Professur für Kulturanthropologie an der Alpen-Adria-Universität Klagenfurt. Seine Forschungsschwerpunkte zielen auf die Analyse des soziokulturellen Wandels und befinden sich in den Themenfeldern Arbeit, soziale Bewegungen und Protest, Cultural Heritage und Medien- und Technikforschung.

Salomé Voegelin ist eine Klangkünstlerin und Autorin, die sich mit dem Zuhören und Hören als soziopolitische Praxis beschäftigt. Zu ihren Publikationen zählen *Sonic Possible Worlds: Hearing the Continuum of Sound* (2014); *Listening to Noise and Silence: Towards a Philosophy of Sound Art* (2010); ein Kapitel in *The Multisensory Museum* (2014); „Listening to the Stars", in: *What Matters Now? (What Can't You Hear?)* (2013) und „Ethics of Listening", in: *Journal of Sonic Studies*, Jg. 2, 2012. Voegelin ist Dozentin für Klangkünste am London College of Communication der University of the Arts London.
www.salomevoegelin.net / www.soundwords.tumblr.com /
www.ora2013.wordpress.com

BILDNACHWEIS

Bernd u. Hilla Becher, Robert Smithson. Field Trips, hrsg. von James Lightwood, Ausstellungskatalog Museu de Arte Contemporanea de Serralves, Porto 2002, S. 56: 137
Denio Guimaraes, Exibicao Renato Sorriso Carnaval 2009; https://www.youtube.com/watch?v=TPCFYuWguVc: 132
knowbotiq: 118–129
Jürgen Krusche: 16/17, 61, 77–91, 93, 109, 179
Jan Polívka/Frank Roost: 20/21, 24/25, 30/31
Ringlokschuppen, Mülheim: 49, 50, 53
Jan Schacher: 150, 151, 153, 156, 157, 159, 164, 165, 166
Klaus Schönberger/Ute Holfelder: 103
Adolf Winkelmann: 139

IMPRESSUM

© 2015 by jovis Verlag GmbH
Das Copyright für die Texte liegt bei den Autoren.
Das Copyright für die Abbildungen liegt bei den Fotografen/Inhabern der Bildrechte.

Alle Rechte vorbehalten.

Band 14 der Schriftenreihe des IFCAR Institute for Contemporary Art Research, Zürcher Hochschule der Künste ZHdK

Konzeption und Redaktion: Jürgen Krusche
Mitarbeit: Selma Dubach

Diese Publikation ist entstanden im Rahmen des übergreifenden Forschungsschwerpunkts PUBLIC CITY der Zürcher Hochschule der Künste.

Umschlagmotiv: knowbotiq

Übersetzung: Annette Wiethüchter (engl.–dt., S. 142–178)
Gestaltung und Satz: jovis: Susanne Rösler
Lithografie: Bild1Druck, Berlin
Druck und Bindung: GRASPO, a. s., Zlín

Bibliografische Information der Deutschen Nationalbibliothek
Die Deutsche Nationalbibliothek verzeichnet diese Publikation in der Deutschen Nationalbibliografie; detaillierte bibliografische Daten sind im Internet über http://dnb.d-nb.de abrufbar.

jovis Verlag GmbH
Kurfürstenstraße 15/16
10785 Berlin

www.jovis.de

jovis-Bücher sind weltweit im ausgewählten Buchhandel erhältlich. Informationen zu unserem internationalen Vertrieb erhalten Sie von Ihrem Buchhändler oder unter www.jovis.de.

ISBN 978-3-86859-360-0